12
傳世經

四書蕅益解補註

蕅益大師 著

水喻吾心固有之明德。
土喻吾心幻現之物欲。
果能格物致知。
無有不能明其明德者。
然穴土取水。
人無不施功求之。
以非水不能生活故也。
而道本心具。人多不肯施功。

華夏出版公司本著「弘揚傳統文化，好書永世流傳」的理念，因舊版圖書年代久遠，囿於時空因素，在尚未能聯繫到原著作人並取得同意下，重新出版了這本著作，如有侵權，敬請著作權人或其親友和華夏出版公司聯繫，謝謝您。

蓮宗九祖頌
宗乘教義兩融通
所悟與佛無異同
惑業未斷猶坯器
經兩則化業前功
由此力修念佛行
決欲現生出樊籠
苦口切勸學道者
生西方可繼大雄
民國廿八年

不是一番寒徹骨，怎得梅花撲鼻香

靈峯大師偈句

歲次鶉尾 [illegible]

四書蕅益解補註　目錄

四書蕅益解序

蕅益子年十二談理學而不知理年二十習玄門而不知玄年二十三參禪而不知禪年二十七習律而不知律年三十六演教而不知教逮大病幾絕歸臥九華腐滓以爲饌糠粃以爲糧忘形骸斷世故萬慮盡灰一心無寄然後知儒也玄也佛也禪也律也教也無非楊葉與空拳也隨嬰孩所欲而誘之誘得其宜則啞啞而笑不得其宜則呱呱而泣泣笑自在嬰孩於父母奚加損焉顧兒笑則父母喜兒泣則父母憂天性相關有欲罷而不能者伐柯伐柯其則不遠今之誘於人者卽後之誘人者也倘猶未免隨空拳黃葉而泣笑其可以誘他乎維時徹因比丘相從於患難顚沛律學頗諳禪觀未了屢策發之終隔一膜爰至誠請命於佛卜以數鬮須藉四書助顯第一義諦遂力疾爲拈大旨筆而置諸笥中屈指復十餘年徹因比丘且長往矣嗟嗟事邁人遷身世何實見聞如故今古何殊變者未始變而不變者亦未始不變尚何存於一分無常一分常之邊執也哉今夏述成唯識心要偶以餘力重閱舊稿改竄其未妥增補其未備首論語次中庸次大學後孟子論語爲孔氏書故居首中庸大學皆子思所作故居次子

思先作中庸・戴禮列爲第三十一・後作大學・戴禮列爲第四十二・所以章首在明明德承前章末子懷明德而言・本非一經十傳・舊本亦無錯簡・王陽明居士已辨之矣・孟子學於子思・故居後・解論語者曰點睛・開出世光明也・解庸學者曰直指・談不二心源也・解孟子者曰擇乳・飲其醇而存其水也・佛祖聖賢・皆無實法繫綴人・但爲人解粘去縛・今亦不過用楔出楔・助發聖賢心印而已・若夫趨時制藝・本非予所敢知・不妨各從所好・

丁亥孟多九日古吳西有道人智旭漫識　時在順治四年

四書蕅益解重刻序

道在人心・如水在地・雖高原平地・了不見水・苟穴土而求之・無不得者・水喻吾心固有之明德・土喻吾心幻現之物欲・果能格物致知・無有不能明其明德者・然穴土取水・人無不施功求之・以非水不能生活故也・而道本心具・人多不肯施功致物欲錮蔽眞知・不知希聖希賢・甘心自暴自棄・由茲喪法身以失慧命・生作走肉行屍・死與草木同腐可不哀哉・四書者・孔門上繼往聖・下開來學・俾由格物致知・以自明其明德・然後推而

至於家國天下。俾家國天下之人各皆明其明德之大經大法也。前乎此者。雖其說之詳略不同。而其旨同。後乎此者。雖其機之利鈍有異。而其效無異。誠可謂先天而天弗違。後天而奉天時。萬世師表。百代儒宗也。其大綱在於明明德。修道。其下手最親切處。在於格物。愼獨。克己。復禮。主敬存誠。學者果能一言一字皆向自己身心體究。雖一介匹夫。其經天緯地。參贊化育之道。何難得自本心。俾聖賢垂訓。一番苦心不成徒設。而爲乾坤大父大母。增光不愧。與天地並稱三才。可不自勉乎哉。如來大法。自漢東傳。至唐而各宗悉備。禪道大興。高人林立。隨機接物。由是濂洛關閩以迄元明諸儒。各取佛法要義。以發揮儒宗。俾孔顏心法。絕而復續。其用靜坐參究以期開悟者。莫不以佛法是則是傚。故有功深力極。臨終豫知時至。談笑坐逝者甚多。其誠意正心。固足爲儒門師表。但欲自護門庭。於所取法者。不唯不加表彰。或反故爲闢駁。以企後學尊己之道。不入佛法。然亦徒爲是舉。不思己旣陰取陽排。後學豈無見過於師之人。適見其心量狹小。而誠意正心之不無罅漏也。深可痛惜。明末蕅益大師。係法身大士。乘願示生。初讀儒書。卽效先儒闢佛。而實未知佛之所以爲佛。後讀佛經。始悔前愆。隨卽殫精研究。

方知佛法乃一切諸法之本。其有闢駁者。非掩耳盜鈴。卽未見顏色之瞽論也。遂發心出家。弘揚法化。一生註述經論四十餘種。卷盈數百。莫不言言見諦。語語超宗。如走盤珠。利益無盡。又念儒宗上焉者。取佛法以自益。終難究竟貫通。下焉者。習詞章以自足。多造謗法惡業。中心痛傷。欲爲救援。因取四書周易。以佛法釋之。解論語孟子則略示大義。解中庸大學則直指心源。蓋以秉法華開權顯實之義。以圓頓教理。釋治世語言。俾靈山泗水之心法。徹底顯露。了無餘蘊。其取佛法以自益者。卽得究竟實益。卽專習詞章之流。由茲知佛法廣大。不易測度。亦當頓息邪見。漸生正信。知格除物欲。自能明其明德。由是而力求之。當直接孔顏心傳。其利益豈能讓宋元明諸儒獨得也。近來各界眼界大開。天姿高者。無不研究佛法。一唱百和。靡然風從。旣知卽心本具佛性。無始無終。具足常樂我淨眞實功德。豈肯當仁固讓。見義不爲。高推聖境。自處凡愚乎哉。以故偉人名士。率多吃素念佛。篤修淨業。企其生見佛性。死生佛國而已。施調梅蔡禹澤李筱和陳魯德葉伯齡彭笑潮郁九齡居士等。宿具靈根。篤信佛法。一見四書蕅益解。不勝歡喜。謂此書直指當人一念。大明儒釋心法。于世出世法。融通貫徹。俾上中下根。隨機受益。深則見深。不妨直契菩提。淺則見淺。亦可漸種善根。卽欲刊板用廣流通。以此功德恭祝現在椿萱。壽登期頤百年。報盡神歸安養。過去父母宿業消除。蒙佛接引。往生淨土。祈序於光。企告來哲。光自愧昔作闡提。毀謗佛法。以致業障覆心。悟證無由。喜彼之請。企一切人於佛法中。咸生正信。庶可業障同消。而心光俱皆發現矣。周易禪解。金陵已刻。孟子擇乳。兵燹後失傳。楊仁山居士求之東瀛。亦不可得。惜哉。

中華民國九年庚申孟夏常慚愧僧釋印光撰

大學直指補註序

夫聖經。天下國家之心要也。大學一書。又諸經之心要也。蕅益大師大學直指。又大學之心要也。得此心則天下國家治且安。失此心則天下國家亂且危。其關係之重何如乎。而其致力之本。則在于修身。修身之本。在于正心。正心之本。在于誠意。誠意之本在于致知。致知之功。卽在格物。物卽身家國天下之物。格者。正也。正其不正以歸于本正之謂格。格。感通也。豎窮三際。橫遍十方之謂格。夫是之謂大學。夫是之謂明明德於天下。若廣說之。豈但一天下云乎哉。不入華嚴法界觀。不能知其究竟矣。竊嘗論之大學一書世間法之總持也而卽爲出世資糧佛說阿彌陀經出世間法之總持也而不離世間功德合是二者而倡導之弘揚之則身修家齊國治而天下平乃至出輪迴生淨土究竟成佛普度有情無他求矣旣申蕅師直指之意爲之補註以便學者復敬爲之讚讚曰自有此經未有此注格物致知全經要處破我法執修二空觀於一切法作唯心看身爲物本格之所先家國天下乃其末焉本碩末榮一氣之宣惟明明德攝無不圓宋儒未解更爲補傳錯亂古經大義不顯旭師妙悟直指眞詮孔聖復起當無間然勗哉來學熟復斯篇如是修者是眞聖賢家齊國治天下便便（便便卽平平）

民國二十三年甲戌孟夏陽復子江謙謹述

大學直指補註（依古本）

古吳蕅益道人智旭述
陽復子江謙補註

大者．當體得名．常徧爲義．卽指吾人現前一念之心．心外更無一物可得．無可對待．故名當體．此心前際無始．後際無終．生而無生．死而不死．故名爲常．此心包容一切家國天下．無所不在．無有分劑方隅．故名爲徧．學者覺也．自覺覺他．覺行圓滿．故名大學．大字卽標本覺之體．學字卽彰始覺之功．本覺是性．始覺是修．稱性起修．全修在性．性修不二．故稱大學．

文分爲二．從初至天下平．統示性修旨趣．從自天子至終．詳示妙修次第．　初中又二．初二節．示妙悟之門．次三節．示妙修之敘．　初中又二．初直示境觀．二點示悟修．　今初．

大學之道．在明明德．在親民．在止於至善．

道者．從因趨果所歷之路也．只一在明明德．便說盡大學之道．上明字．是始覺之修．

下明德二字·是本覺之性·性中本具三義·名之爲德·謂現前一念靈知洞徹·而未嘗有形·卽般若德·現前一念雖非形像·而具諸妙用·擧凡家國天下·皆是此心中所現物·擧凡修齊治平·皆是此心中所具事·卽解脫德·又復現前一念莫知其鄉·而不無·位天育物·而非有·不可以有無思·不可以凡聖異·平等不增不減·卽法身德·我心旣爾·民心亦然·度自性之衆生·名爲親民·成自性之佛道·名止至善·親民止至善·只是明明德之極致·恐人不了·一一拈出·不可說爲三綱領也·此中明德·民·至善·卽一境三諦·明·親·止·卽一心三觀·明明德卽自覺·親民卽覺他·止至善卽覺滿·自覺本具三德·束之以爲般若·覺他令覺三德·束之以爲解脫·至善自他不二·同具三德·束之以爲法身·不縱不橫·不並不別·不可思議·此理名爲大理·覺此理者·名爲大學·從名字覺·起觀行覺·從觀行覺·得相似覺·從相似覺·階分證覺·從分證覺·歸究竟覺·故名大學之道·

補註　三諦·三觀·三德·詳言上編始終心要解·

二點示悟修·

知止·而后有定·定·而后能靜·靜·而后能安·安·而后能慮·慮·而后能得·

止之一字·雖指至善·只是明德本體·此節指點人處·最重在知之一字·圓覺經云·知幻卽離·不作方便·離幻卽覺·亦無漸次·當與此處參看·大佛頂經云·以不生不滅爲本修因·然後圓成果地修證·卽知止之謂也·此中知·爲妙悟·定·靜·安·慮·爲妙修·得·爲妙證·動靜二相·了然不生·名能定·外境不擾·故聞所聞盡·名能靜·內心無喘·故覺所覺空·名能安·煩惱永寂·故空所空滅·名能慮·寂滅現前·如鏡現像·故忽然超越·名能得·獲二殊勝故·

補註　大佛頂首楞嚴經云·爾時觀世音菩薩·卽從座起·頂禮佛足·而白佛言·世尊·憶念我昔無數恆河沙劫·於時有佛·出現於世·名觀世音·我於彼佛·發菩提心·彼佛敎我從聞思修·入三摩地·初於聞中·入流亡所·所入旣寂·動靜二相·了然不生·如是漸增·聞所聞盡·盡聞不住·覺所覺空·空覺極圓·空所空滅·生滅旣滅·寂滅現前·忽然超越世出世間·十方圓明·獲二殊勝·一者·上合十方諸佛·本妙覺心·與佛如來·同一慈力·二者·下合十方六道衆生·與諸衆生·同一悲仰·聞所聞盡·覺所覺空·空所空滅

者·謂能聞能覺能空之心·與所聞所覺所空之境·俱泯也·忽然超越·獲二殊勝者·超越世間有縛·與出世間空縛·故空假雙照·發大慈悲心·

次三節示妙修之敘

物有本末·事有終始·知所先後·則近道矣·

此啓下文兩節之義·蓋迷明德而幻成身及家國天下·名之爲物·既已迷德成物·且順迷情辨其本末·返迷歸悟之功·名之爲事·既向生滅門中·商搉修證·須知有終始·始宜先·終宜後·古之欲明一節·知所先之榜樣也·物格一節·知所後之成案也·

古之欲明明德於天下者·先治其國·欲治其國者·先齊其家·欲齊其家者·先修其身·欲修其身者·先正其心·欲正其心者·先誠其意·欲誠其意者·先致其知·致知在格物·

說個明明德於天下·便見親民止至善·皆明德中事矣·正其心者·轉第八識爲大圓鏡智也·誠其意者·轉第七識爲平等性智也·致其知者·轉第六識爲妙觀察智也·格物者·作唯心識觀·了知天下國家根身器界·皆是自心中所現物·心外別無他物也·是故若欲格物·莫若觀所緣緣·若知外所緣緣非有·方知內所緣緣不無·若知內所

緣緣不無方能力去內心之惡力行心內之善方名自謙方名愼獨又祇一明德分心意知三名致知卽明明德

補註　離本淸淨周偏之心而幻爲八識一眼識二耳識三鼻識四舌識五身識六意識七末那識八阿賴耶識前六識者眼耳鼻舌身意六根與色聲香味觸法六塵相接而現之識也第七末那識譯云染汚執我執法之意根也第八阿賴耶識譯云含藏卽前七識之所藏也能轉八識則成四智轉眼耳鼻舌身識爲成所作智轉意識爲妙觀察智轉末那識爲平等性智轉阿賴耶識爲大圓鏡智如是則復還其淸淨周遍之眞心觀所緣緣者謂觀由見所取之相也外所緣緣是所緣之境內所緣緣是能緣之心

物格而后知至知至而后意誠意誠而后心正心正而后身修身修而后家齊家齊而后國治國治而后天下平

我法二執破則物自格猶大佛頂經所云不爲物轉便能轉物也知至者二空妙觀無間斷也意誠者由第六識入二空觀則第七識不復執第八識之見分爲內自我

法也、心正者、由六七二識無我執故、第八識捨賴耶名、由六七二識無法執故、第八識捨異熟名、轉成菴摩羅識、亦名大圓鏡智相應心品也、身修者、第八識旣成無漏則一切五陰、十二處、十八界、皆無漏也、家齊國治天下平者、一身淸淨、故多身淸淨、乃至十方三世圓滿淸淨也、

補註　眞如之體、不變而隨緣、隨色受想行識五蘊之緣而爲人、隨善惡淨染之緣而爲法、因緣和合虛妄有生、故皆無自性、當體卽是眞如、不知是義、而妄執有實人、卽爲人我執、妄執有實法、卽爲法我執、我執者、謂執有自性也、能破二執、卽得二空、金剛般若經云、無我相、無人相、無衆生相、無壽者相、破人我執也、又云、菩薩應無所住布施、不住色布施、不住聲香味觸法布施、破法我執也、當知空假中一心三觀、是破二執之神方、斬一切罪根之慧劍也、異熟者、因果之名、或異時而熟、或異性而熟、或異處而熟、三世因果之成熟、非一時非一性非一處也、菴摩羅識、譯云白淨識、卽眞如本體、色受想行識爲五陰、六根六塵爲十二處、六根六塵合六識爲十八界、曰陰曰處曰界、皆障礙而不淸淨、區局向不周徧之稱、以皆生滅、故皆有漏也、若能轉

識爲智。則皆成無漏。

已上統示性修旨趣竟

詳示妙修次第。又爲三。初的示格物。須從本格。二詳示誠意。必先致知。三更示修齊治平。必有次第。　今初。

自天子以至於庶人。壹是皆以修身爲本。

前云古之欲明明德於天下者。元不單指帝王有位人說。恐人錯解。今特點破。且如舜耕歷山之時。何嘗不是庶人。伊尹耕有莘時。傅說在板築時。太公釣渭濱時。亦何嘗不是庶人。只因他肯格物致知。誠意正心。以修其身。所以皆能明明德於天下耳。蓋以天子言之。則公卿乃至庶人。皆是他明德中所幻現之物。是故自身爲物之本。家國天下爲物之末。若以庶人言之。則官吏乃至天子。亦皆是他明德中所幻現之物。是故亦以自身爲物之本。家國天下爲物之末。須知上自天子。下至庶人。名位不同。而明德同。明德既同。則親民止至善亦同。故各各以修身爲本也。前雖略示物有本末。又云致知在格物。尚未直指下手方便。故今的指修身爲本。以心意知不可喚

作物故以致誠正皆向物之本上格將去故其本亂而末治者否矣其所厚者薄而其所薄者厚未之有也此謂知本此謂知之至也

所厚謂責躬宜厚所薄謂待人宜寬若以厚爲家薄爲國與天下便是私情了會萬物而爲自己故謂之知本自己之外別無一物當情故可謂知之至也初的示格物須從本格竟

二詳示誠意必先致知

所謂誠其意者毋自欺也如惡惡臭如好好色此之謂自謙故君子必愼其獨也

直心正念眞如名爲誠意妄計實我實法名爲自欺蓋稍習聞聖敎未有不知我法二執之爲惡未有不知二空妙觀之爲善者但其惡我法二執不能如惡惡臭好二空妙觀不能如好好色所以名爲自欺不自謙耳夫臭必知臭色必知色可喩良知知臭必惡知色必好可喩致知今知二執之惡而不力破知二空之善而不力修豈可謂致知乎心外本無實我實法名之爲獨斷意中我法二執斷無不盡修良知二

空妙觀·修無不圓·名之爲愼也·

小人閒居爲不善·無所不至·見君子·而后厭然·揜其不善·而著其善·人之視己·如見其肺肝然·則何益矣·此謂誠於中·形於外·故君子必愼其獨也·

此明小人亦有良知·但不能致知·故意不得誠也·閒居·卽愼獨之獨字·雖在大庭廣衆·亦名閒居·爲不善者·卽是妄起我法二執·二執·爲衆惡根本·故一有二執·便無所不至·見君子而后厭然·正是良知不可昧處·揜不善而著善·是不能誠於中·如見其肺肝然·是不能形於外·故使人得窺其中也·

曾子曰·十目所視·十手所指·其嚴乎·富潤屋·德潤身·心廣體胖·故君子必誠其意·

十目十手·正是愼獨誠中處·潤屋潤身·正是形外處·心包太虛·故廣·體露眞常·故胖·

詩云·瞻彼淇澳·菉竹猗猗·有斐君子·如切如磋·如琢如磨·瑟兮僩兮·赫兮喧兮·有斐君子·終不可諠兮·如切如磋者·道學也·如琢如磨者·自修也·瑟兮僩兮者·恂慄也·赫兮喧兮者·威儀也·有斐君子·終不可諠兮者·道盛德至善·民之不能忘也·

切磋琢磨·致知也·恂慄·誠於中也·威儀·形於外也·盛德·明德之已明者也·致知·則意

誠意誠則心正知意心皆明德之別名致誠正皆明明德之別名致到極處誠到極處正到極處卽名至善民不能忘卽是親民可見親民止至善不是明德外事

詩云於戲前王不忘君子賢其賢而親其親小人樂其樂而利其利此以沒世不忘也

武公之民不能忘與前王之民不能忘一般良以明德之中自具賢親樂利橫徧天下豎徹沒世故也

康誥曰克明德太甲曰顧諟天之明命帝典曰克明峻德皆自明也

由武公而遡之文王遡之成湯遡之帝堯皆是自明自明卽致知誠意也卽躬自厚也卽修身爲本也卽知所先也

湯之盤銘曰苟日新日日新又日新

欲誠其意莫若自新自新者不安於舊習也我法二執是無始妄習名之爲舊觀我法空是格物致知名之爲新苟者斬然背塵合覺也日日新者不肯得少爲足又日新者不肯半塗而廢又苟日新者斷分別二執日日新者斷俱生二執又日新者斷二障種子

補註　分別二執者·由無始以來·種子內熏·兼隨外緣邪見分別之粗執·俱生二執者·全由種子內熏·不待外緣邪敎·無始以來與身俱生之細執也·粗執易斷·細執難斷·我執又名煩惱障·障大涅槃·故法執又名所知障·障大菩提·故二障種子斷則現行不生·

康誥曰作新民·

不是我去作他·只因自能日新·彼便興起·故孟子曰·待文王而後興·興卽作也·

詩云周雖舊邦·其命維新·是故君子無所不用其極·

只一日新又新·便使民亦自作命·亦維新·可見心外無民·心外無命·

詩云邦畿千里·惟民所止·詩云緡蠻黃鳥·止于丘隅·子曰·於止·知其所止·可以人而不如鳥乎·詩云穆穆文王·於緝熙敬止·爲人君止於仁·爲人臣止於敬·爲人子止於孝·爲人父·止於慈·與國人交·止於信·

文王一人耳·對臣下則名爲君·對商紂則名爲臣·對王季·則名爲子·對武周則名爲父·可見身是本·而所對皆末也·明德一理耳·對臣下·則名爲仁·對君上·則名爲敬·對

父母‧則名爲孝‧對子孫‧則名爲慈‧對國人‧則名爲信‧可見無所不用其極‧無二極也
極‧卽至善‧至善‧卽明德本體‧此文王自謙處‧誠中形外處‧皆由格物致知以誠其意‧
故能如此‧

子曰‧聽訟‧吾猶人也‧必也使無訟乎‧無情者‧不得盡其辭‧大畏民志‧此謂知本‧

世人不知心外無物‧妄謂仁敬孝慈信‧可以對君臣父子良民‧不可以化頑惡‧殊不
知只是物未格‧知未致‧意未誠耳‧如文王之使虞芮息爭‧何必別商聽訟之法‧大凡
不達人我一體‧則有爭有競‧便名之爲無情‧非必告謊狀‧而後爲無情者也‧今以本
無人我之明德化之‧故能大畏民志‧夫畏民志‧則非刑罰之威‧大畏民志‧則使健訟
者‧亦化而爲聖賢矣‧非知身爲物本‧格物致知‧以誠其意者‧孰能若此也哉‧二詳示
誠意‧必先致知竟‧

三更示修齊治平‧必有次第‧又爲四‧初以心身合釋‧二以身家合釋‧三以家國合
釋‧四以國與天下合釋‧雖如此次第合釋‧然皆不離修身爲本‧皆不外於格致誠
正之功‧　今初以心身合釋‧

所謂修身在正其心者。身有所忿懥。則不得其正。有所恐懼。則不得其正。有所好樂。則不得其正。有所憂患則不得其正。

身者。前六識身也。忿懥。恐懼。好樂。憂患。即貪瞋癡等。根隨煩惱也。現行熏成種子。故使第八識心。不得其正。

補註　唯識家分根本煩惱為六。曰。貪。瞋。癡。慢。疑。惡見。分隨煩惱為小中大共二十。小隨十。曰。忿。恨。覆。惱。嫉。慳。誑。諂。害。憍。中隨二。曰。無慚。無愧。大隨八。曰。掉舉。昏沉。不信。懈怠。放逸。失念。散亂。不正知。

心不在焉視而不見。聽而不聞。食而不知其味。此謂修身在正其心。

第八識體。本自無所不在。亦無所在。唯其受染法熏。持染法種。隨彼染法所起現行。為視為聽。為食而見聞知之妙性。遂為彼所覆蔽矣。蓋其光圓滿得無增愛者名之為見。既有所視。便不名見。十方擊鼓。十處齊聞者。名之為聞。既有所聽。便不名聞。舌根不動。淡性常在者名為知味。既有所食便不知味。故前一節。深明現行熏種子之失。此一節。深明種子生現行之失。身心相關若此。故必格物致知。以誠其意。然後心正而身修也。有所忿懥等。只是不能格物。故意不誠。不見不聞等。只是不能致知。故心不正。而身不修。問曰。前云如惡惡臭。如好好色。此云忿懥好樂。皆不得正。前後不相違耶。答曰。如惡惡臭。斷我法二執也。如好好色。修二空妙觀也。二觀成就。方能無忿懥等。自無忿懥等私。方能民之所好好之。民之所惡惡之。故知格物致知之外。別無誠意正心之功。

二身家合釋

所謂齊其家在修其身者。人之其所親愛而辟焉。之其所賤惡而辟焉。之其所畏敬而辟焉。之其所哀矜而辟焉。之其所敖惰而辟焉。故好而知其惡。惡而知其美者。天下鮮矣。故諺有之曰。人莫知其子之惡。莫知其苗之碩。此謂身不修。不可以齊其家。

五個辟字。皆是不能格物。故不能致知耳。便是不能齊家之處。何止為身不修耶。莫知子惡。莫知苗碩。亦是為物所蔽。故不能致其知也。後一反結。最為有力。正顯修身為本。

三家國合釋。

所謂治國必先齊其家者其家不可教而能教人者無之故君子不出家而成教於國孝者所以事君也弟者所以事長也慈者所以使衆也

一一都從修身上說來玩三個所以字絕不費力

康誥曰如保赤子心誠求之雖不中不遠矣未有學養子而后嫁者也

妙在心誠求之四字正與下文民好民惡相合又與上文五個辟字相反此皆從格物致知誠意愼獨中來

一家仁一國興仁一家讓一國興讓一人貪戾一國作亂其機如此此爲一言僨事一人定國堯舜帥天下以仁而民從之桀紂帥天下以暴而民從之其所令反其所好而民不從是故君子有諸己而后求諸人無諸己而后非諸人所藏乎身不恕而能喻諸人者未之有也故治國在齊其家

堯舜之仁不過是格物致知誠意正心以修身耳如此修身便爲天下人榜樣天下人自然從之何必發號施令哉令字與帥字正相反帥是無心之化令是有心之求達得心外無天下故不必有心求不知天下在心中故不能無心化也

詩云桃之夭夭其葉蓁蓁之子于歸宜其家人宜其家人而后可以教國人詩云宜兄宜弟宜兄宜弟而后可以教國人

　二詩皆說修身齊家事耳而治國便在其中何必求之於國哉

詩云其儀不忒正是四國其爲父子兄弟足法而后民法之也此謂治國在齊其家

　其儀不忒只是修身事耳正是四國則天下不難平矣爲人父止於慈爲人子止於孝爲人兄止於友爲人弟止於恭而后民自法之可見四國自趨於正不待我去正他

四以國與天下合釋

所謂平天下在治其國者上老老而民興孝上長長而民興弟上恤孤而民不倍是以君子有絜矩之道也

　老老長長恤孤元卽孝弟慈三字只是變卻文法耳絜矩二字最妙只須向自身上推去便知心佛衆生三無差別

所惡於上毋以使下所惡於下毋以事上所惡於前毋以先後所惡於後毋以從前所

惡於ナ・毋以交於左・所惡於左・毋以交於右・此之謂絜矩之道・

正示人絜矩工夫・不是覆解字義而已・

詩云・樂只君子・民之父母・民之所好好之・民之所惡惡之・此之謂民之父母・

修二空妙觀・如好好色・故無私好・斷我法二執・如惡惡臭・故無私惡・無私好故能民之所好好之・無緣大慈也・無私惡・故能民之所惡惡之・同體大悲也・是謂三界大師・四生慈父・

補註　三界亦名三有・欲界六天・色界十八天・無色界四天・皆以修行功德增高而上・其身長壽命・亦皆倍增・然福報盡時・皆墮輪迴・皆須歸依三寶・方能了脫死生・故佛是三界大師・三界衆生不外胎卵濕化四種・佛等視之如子・拔苦與樂・故佛是四生慈父・

詩云・節彼南山・維石巖巖・赫赫師尹・民具爾瞻・有國者不可以不愼・辟則爲天下僇矣・

詩云・殷之未喪師・克配上帝・儀監于殷・峻命不易・道得衆則得國・失衆則失國・是故君子先愼乎德・有德此有人・有人此有土・有土此有財・有財此有用・

是故二字。頂上三則字來。緊切之極。不曰明德而曰愼德。正顯明明德之工夫。全在愼獨也。有德此有人。便爲下文用人張本。有土有財。便爲下文理財張本。若悟大道。則生財亦大道。不於大道之外別商生財矣。用人理財。是平天下要務。而皆以愼德爲本。皆卽愼德中事。誰謂明明德外更有他道哉。觀心釋者。性具三千名爲天下。愼德。是先悟性體。用人。是智慧莊嚴。理財。是福德莊嚴。

補註　佛菩薩緣覺聲聞之四聖。天人神畜鬼地獄之六凡。爲十法界。十法界之一一界。各有如是性。如是相。如是體。如是力。如是作。如是因。如是緣。如是果。如是報。如是本末究竟等之十如是。一界各具十界。則有百界千如是。假名五陰國土各具一千。則有三千。理具事造。又各有三千。而唯是一心。故曰兩重三千同居一念。兩重三千。差別極矣。同居一念。唯是平等。

德者本也。財者末也。外本內末。爭民施奪。

舉本必兼得末。末得而本益榮。逐末必全遺本。本遺而末亦失。觀心釋者。不悟性德。而修頑福。便成魔業。

是故財聚則民散・財散則民聚・

民散・將何以守財・民聚・何憂乎不富・觀心釋者・一毫之善・施與法界衆生・則能成佛・而九界攸歸・

是故言悖而出者・亦悖而入・貨悖而入者・亦悖而出・康誥曰・惟命不于常・道善則得之・不善則失之矣・楚書曰・楚國無以爲寶・惟善以爲寶・舅犯曰・亡人無以爲寶・仁親以爲寶・秦誓曰・若有一個臣・斷斷兮・無他技・其心休休焉・其如有容焉・人之有技・若己有之・人之彥聖・其心好之・不啻若自其口出・實能容之・以能保我子孫黎民・尚亦有利哉・人之有技・娼嫉以惡之・人之彥聖・而違之俾不通・實不能容・以不能保我子孫黎民・亦曰殆哉・

前一大臣・由能格物致知・所以純是無人無我之心・後一奸臣・由其不能格物致知・所以只有分人分我之心・

唯仁人放流之・迸諸四夷・不與同中國・此謂唯仁人爲能愛人・能惡人・

唯仁人・無愛無惡・亦唯仁人・能愛能惡・仁是性體・無愛無惡・是性量・能愛能惡・是性

具。

見賢而不能舉。舉而不能先。命也。見不善而不能退。退而不能遠。過也。

由其不能如惡惡臭。如好好色。以自謙。故不能民之所好好之。民之所惡惡之。

好人之所惡。惡人之所好。是謂拂人之性。菑必逮夫身。

不過有所好樂。有所忿懥。則不得其正。遂至親愛而辟賤惡而辟耳。可不格物致知。以愼其獨哉。

是故君子有大道。必忠信以得之。驕泰以失之。

大道。卽大學之道。君子。不以位言。忠信。卽誠意之異名。直心正念。眞如名至誠心。亦名爲忠了知心佛衆生三無差別名之爲信自恃爲驕驕則不忠輕他爲泰泰則不信。

生財有大道。生之者衆。食之者寡。爲之者疾。用之者舒。則財恆足矣。

大道亦卽大學之道也。旣有大道。何必聚斂哉。生之者衆。爲之者疾。只是民之所好好之。食之者寡。用之者舒。只是民之所惡惡之。觀心釋者。隨喜凡聖一毫之善。則生之者衆。不向三有則食之者寡。勤策三業。修行五悔則爲之者疾。不向二乘。則用之者舒。又不向二乘三有皆是食之者寡。觀察三輪體空。則是用之者舒。

補註　身業口業意業爲三業。五悔者。天台大師說。五種懺悔法。使於晝夜六時修之。名爲六時五悔。一懺悔。發露已往之罪。而誡將來也。二勸請。勸請十方如來以轉法輪也。三隨喜。于大小一切之善根。隨喜讚嘆也。四迴向。以一切所修之善根向于衆生。又向于佛道也。五發願。發四弘誓。而導前之四行也。五者皆能悔罪滅惡。故皆名悔。勸請則滅魔王請佛入滅之罪。隨喜則滅嫉他修善之罪。迴向則滅倒求三界之罪。發願則滅修行退志之過。二乘。謂聲聞緣覺。但求自度。不發大悲。安于小乘。不求作佛。三輪體空。就布施言。以施者。受者。與施物。謂之三輪。此三輪之相存于意中。稱爲有相之三輪。而非眞檀波羅密之行。滅此三輪。住於無心而行之施。爲三輪清淨之檀波羅密。金剛經云。菩薩於法應無所住。行於布施。檀波羅密。譯云布施度也。

仁者以財發身。不仁者以身發財。

觀心釋者。聚財是染汙心修有漏善。長在生死。名爲以身發財。不達生財大道。是狂慧枯禪。不能稱性修習菩提資糧。不名以財發身。今言生財有大道。即是稱性所起緣因莊嚴。不向外求。又言以財發身。可見六度萬行。闕一不可。不得空談理性也。

未有上好仁。而下不好義者也。未有好義其事不終者也。未有府庫財非其財者也。孟獻子曰。畜馬乘不察於雞豚。伐冰之家不畜牛羊。百乘之家不畜聚斂之臣。與其有聚斂之臣。寧有盜臣。此謂國不以利爲利。以義爲利也。長國家而務財用者。必自小人矣。彼爲善之。小人之使爲國家。菑害並至。雖有善者。亦無如之何矣。此謂國不以利爲利。以義爲利也。

此二節。以用人理財合說。尤見二事只是一事。須是先愼乎德。方能用人。方能理財。大約賢臣。決以愛民爲務。聚斂決定便是小人。故仁者只須得一賢臣。則不必聚財而恆足。不仁者只是一味貪財。則小人便得進用而致菑也。觀心釋者。由悟法身。方知性具緣了二因。由智慧力。方能熾然修習菩提資糧。而不成有漏有爲。

補註　三因佛性。涅槃經所說。一正因佛性。離一切邪非之中正眞如也。依之成就法身之果德。故名正因佛性。二了因佛性。照了眞如之理之智慧也。依之成就般若之果德。故名了因佛性。三緣因佛性。緣助了因開發正因之一切善根功德也。依之成就解脫之德。故名緣因佛性。三者皆性所具。全性起修。則能成就無漏無爲之菩提正道。菩提者大覺之稱也。因緣離合。虛妄生滅。謂之有爲。三界因果不離煩惱。謂之有漏。若眞如之性。卽本無漏無爲也。

大學直指補註終

中庸直指補註序

現前介爾一念而實無量無邊不生不滅豎窮三際橫遍十方清淨本然寂然不動謂之性感而遂通有善有惡有因有果者謂之道全性起修爲善去惡造圓因以致圓果者謂之聖人之敎所以爲敎愼獨是矣所以愼獨致中和是矣所以致中和空假中一心三觀是矣修此三觀而天地位焉萬物育焉智仁勇三德立焉父子君臣夫婦兄弟朋友之交五達道行焉凡爲天下國家之九經備焉以其關係于天下成敗利鈍治亂安危之重也故謂之三重此三觀者惟是一心故曰所以行之一也中庸之爲書蕅益大師之直指具于是矣或曰進今之學者而與之言中庸無乃奧乎蕅師直指以佛釋儒又奧之甚者也曉之曰所謂中庸所謂直指卽直指爾我乃至一切衆生各各本具之現前介爾一念而又無量無邊不生不滅清淨周徧圓具三諦三觀三德之妙眞如心也眞者不妄如者不變妙者神通自在不可思議也三諦者眞俗中三觀者空假中三德者般若解脫法身也旣人人本具個個不無而聖凡之分天地懸隔者何也修與不修之殊也修則性顯不修則性隱修之則爲智爲仁爲勇爲君子爲至聖爲堯舜文

王武王周公仲尼乃至成佛不修則爲愚爲不肖爲蠻貊爲無忌憚之小人乃至爲畜生餓鬼地獄受若無量之衆生子思之作中庸蕅師之作直指教修之寶筏也堯舜文武周公孔子三世諸佛教修之導師也世間法之三達德五達道九經與出世法之四諦十二因緣六波羅蜜教修之條目也尊德性而道問學致廣大而盡精微極高明而道中庸溫故而知新敦厚以崇禮乃至博學審問愼思明辨篤行人一能之己百之人十能之己千之教修之全功也聰明睿智足以有臨寬裕溫柔足以有容發強剛毅足以有執齊莊中正足以有敬文理密察足以有別溥薄淵泉而時出之見而民莫不敬言而民莫不信行而民莫不說舟車所至人力所通天之所覆地之所載日月所照霜露所隊凡有血氣者莫不尊親教修之極致也而皆本于空假中一心三觀之修以其視之不見聽之不聞故謂之空以其體物而不可遺所謂物者亦皆因緣和合虛妄有生謂之假以其空假雙照不偏于空不偏于假謂之中故曰肫肫其仁淵淵其淵浩浩其天淵淵其淵者空觀也肫肫其仁者假觀也浩浩其天者中觀也空觀卽惟一也一故能立天下之大本假觀卽惟精也精故能經綸天下之大經空假雙照之中觀卽允

執厥中也。故能參贊天地之化育而無所偏倚。蓋性無不同而相無不異。空觀者平等觀也。假觀者差別觀也。性相不二。故于平等而知差別。于差別而知平等。是宇宙萬物所由分合。而天下國家之所由治平也。此眞能雨衆寶之無價摩尼珠也。藏此珠而行乞。可謂智乎。懷此寶而迷邦。可謂仁乎。知是衣中之珠。宅中之寶。而不肯探求。可謂勇乎。故謹爲補註以勸于學者。學者得此寶而明其性。以修其身。則家齊國治天下平之效可睹也。得此寶以修華嚴。可以知法界無盡之圓觀也。以修法華。可以知方便度生之妙用也。以修淨土。可以知出凡入聖簡易而圓滿捷速而究竟之最勝法門也。學者其永寶之哉。民國二十三年甲戌孟夏江謙謹述

中庸直指補註

明・古吳蕅益道人智旭述
民國・江謙　居士補註

中之一字・名同實異・此書以喜怒哀樂未發為中・若隨情解之・只是獨頭意識邊事耳・老子不如守中・似約第七識體・後世玄學・局在形軀・又非老子本旨矣・藏教所詮眞理・離斷離常・亦名中道・通教即物而眞・有無不二・亦名為中・別教中道佛性・有名有義・而遠在果地・初心絕分・惟圓人知一切法・即心自性・無非中道・豈得漫以世間中字・濫此極乘・然既兼開顯之旨・則治世語言・皆順實相・故須以圓極妙宗・來會此文・俾儒者道脈・同歸佛海・中者性體・庸者性用・從體起用・全用在體・量則豎窮橫徧・具・乃徹果該因・文為五段・初總示性修因果・堪擬序分・二詳辨是非得失・擬開圓解・三確示修行榜樣・擬起圓行・四廣陳明道合誠・擬於圓位・五結示始終奧旨・擬於流通・初總示性修因果・

天命之謂性・率性之謂道・修道之謂教・

不生不滅之理・名之為天・虛妄生滅之原・名之為命・生滅與不生滅和合・而成阿賴

耶識。遂爲萬法之本。故謂之性。蓋天是性體。命是功能。功能與體。不一不異。猶波與水也。體。則非善非惡。功能。則可善可惡。譬如鏡體非姸非媸。而光能照現姸媸。今性亦爾。率其善種而發爲善行。則名君子之道。率其惡種而發爲惡行。則名小人之道。道。猶路也。路有大小。無人不由。故曰道二。仁與不仁而已矣。然善種發行時。性便舉體而爲善。惡種發行時。性亦舉體而爲惡。如鏡現姸時。舉體成姸。鏡現媸時。舉體成媸。姸媸非實。善惡亦然。無性緣生。不可思議。聖人見無性緣生之善。可以位天地。育萬物。自成成物也。故設教以修習之。見無性緣生之惡。可以反中庸。致禍亂自害害他也。故設教以修除之。除其修惡。惡性元無可除。習其修善。善性元無可習。故深達善惡之性。卽是無性者。名爲悟道。斷無性之惡。惡無不盡。積無性之善。善無不圓者。名爲修道也。此節且辨性修。下文方詳示因果差別耳。夫天命之謂性。眞妄混而難明。率性之謂道。善惡紛而雜出。研眞窮妄。斷染育善。要緊只在敎之一字。全部中庸。皆修道之敎也。故曰自明誠謂之敎。

道也者。不可須臾離也。可離非道也。是故君子戒愼乎其所不睹。恐懼乎其所不聞非善即惡。非仁即不仁。故不可須臾離。故必戒愼恐懼以修之。

莫見乎隱。莫顯乎微。故君子愼其獨也。

此申明戒愼恐懼之故。同曰。何須向不睹不聞處用功。答曰。以莫現乎隱。莫顯乎微故也。隱微。就是不睹不聞。就是愼獨。就是戒愼恐懼。此與大學誠意工夫一般。皆須直心正念眞如。

補註　道猶路也。世間之道六。曰天。曰人。曰神。三善道也。曰畜生。曰餓鬼。曰地獄。三惡道也。凡起一念。必落一道。一念而善。則上品爲天。中品爲人。下品爲神。一念而惡。則上品爲地獄。中品爲餓鬼。下品爲畜生。人不能須臾無念。故不能須臾離道。生死輪迴之報。所從來也。可不戒愼而恐懼乎。一念因也。天人神畜鬼獄果也。因必具果。無果非因。故衆生畏果。菩薩畏因。在因之果。凡夫視之不睹。聽之不聞。若佛則悉睹悉聞。故曰。莫見乎隱。莫顯乎微。君子之所以必愼其獨也。愼獨淨念之法門。無如念佛。念佛是出生死輪迴之大道也。

喜怒哀樂之未發。謂之中。發而皆中節。謂之和。中也者。天下之大本也。和也者。天下之達道也。

熾然喜怒哀樂時。喜怒哀樂不到之地。名之爲中。非以無喜怒哀樂時。爲未發也。無不從此流界流。故爲大本無不還歸此法界。故爲達道。其中。雖是性須約出纏眞如。方顯其妙發而中節。全從愼獨中來。全是以修合性。若稍不與性合。便不名和。

致中和。天地位焉。萬物育焉。

致之一字。與後文其次致曲致字。同。　三千在理。同名無明。三千果成。咸稱常樂。故云位焉育焉。不必向效驗上說。自有眞實效驗。嗟嗟四凶居堯舜之世。不能自全。顏子雖簞瓢陋巷。不改其樂。誰謂心外實有天地萬物哉。天地萬物皆心中影耳。

補註　中惟一也。空觀也。和惟精也。假觀也。致中和。而天地位焉。萬物育焉。中道圓觀也。諸佛一心三觀之印。堯舜精一執中之傳。雖所致之範圍不同。而能致之功。則一也。

二詳辨是非得失。

仲尼曰。君子中庸。小人反中庸。君子之中庸也。君子而時中。小人之中庸也。小人而無忌憚也。
此總標是非得失之源也。君子背塵合覺。故直曰中庸。九界皆是背覺合塵。名爲逆修。故皆名反中庸。時字。只是無執著意。自利。則善巧安心。利他。則四悉順物。小人亦要修因證果。亦自以爲中庸。但不知從愼獨處下手。便至於無忌憚。便是錯亂修習。猶如蒸砂。欲成嘉饌。

子曰。中庸其至矣乎。民鮮能久矣。
中庸是大本達道。所以爲至。必具眞智眞仁眞勇。然後能之。所以民鮮能也。此且總歎鮮能。下文方出鮮能之故。

子曰。道之不行也。我知之矣。知者過之。愚者不及也。道之不明也。我知之矣。賢者過之。不肖者不及也。
不行。歸罪於知愚。不明。歸罪於賢不肖。可見行明不是兩事。　過處。就是不及處。故論語云。過猶不及。特就其情見。縱許爲過之耳。道本至極。那有能過之者。
補註　賢者智者之過。偏於空也。偏於空。則耽沉寂而不事行持。但自度而不發大悲愚者不肖者之不及偏於假也偏於假則迷五欲而不能出離貪勢利而無所忌憚智愚賢不肖四者可以盡天下之人而其偏若此中庸之所以不明不行

人莫不飲食也鮮能知味也

味是舌識之相分現量所得非心外法智愚賢不肖者那能得知惟有成就唯心識觀之人悟得味非心外實法成就眞如實觀之人悟得味卽如來藏耳飲食既不知味則終日中庸終日反中庸矣

子曰道其不行矣夫子曰舜其大知也與舜好問而好察邇言隱惡而揚善執其兩端用其中於民其斯以爲舜乎

非大知不足以行道故先歎不行爲病後舉大舜爲藥全仁全勇之知方名大知所以雙超知愚兩關　執兩端而用中方是時中若離兩端而別談中道便爲執一矣兩个其字正顯兩端中道原只一體　問何名兩端答善惡是也善惡皆性具法門惟聖人能用善用惡而不爲善惡所用則善惡無非中道如舜誅四凶卽是用惡法門也書云強弗友剛克燮友柔克沈潛剛克高明柔克平康正直皆建用皇極之妙

噫可以思矣·

補註　王陽明先生曰·春秋必待傳而後明·是歇後謎語矣·聖人何苦爲此艱深隱晦之詞·左傳多是魯史舊文若春秋須傳而後明·孔子何必削之·如書弒君·即弒君便是罪·何必更問其弒君之詳·征伐當自天子出·書伐國·即伐國便是罪·何必更問其伐國之詳·聖人述六經·只是要正人心·只是要存天理去人欲·於存天理去人欲之事·則嘗言之·或因人請問·隨各分量而說·亦不肯多道·恐人專求之言語·故曰予欲無言·若是一切縱人欲滅天理之事·又安肯詳以示人·是長亂導奸也·故孟子云·仲尼之門無道桓文之事者·是以後世無傳焉·此便是孔門家法·世儒只講得一箇霸者的學問·所以要知得許多陰謀詭計·純是一片功利的心·與聖人作經的意思正相反·如何思量得通·因歎曰·此非達天德者未易與言此也·又曰·孔子云吾猶及史之闕文也·孟子曰·盡信書不如無書·吾於武城取二三策而已·孔子刪書於唐虞夏四五百年間不過數篇·豈更無一事·而所述止此·聖人之意可知矣·又曰詩非孔門之舊本矣·孔子云·放鄭聲·鄭聲淫·又曰惡鄭聲之亂雅樂也·鄭衞之音亡國之音

也。此是孔門家法。孔子所定三百篇。皆所謂雅樂。皆可奏之郊廟。奏之鄉黨。皆所以宣暢和平。涵泳德性。移風易俗。安得有此。是長淫導奸矣。此必秦火之後。世儒附會。以足三百篇之數。謹按先生此論。是千古亘眼。聖學眞傳。讀書正法。二十四史汗牛充棟。多惡行繁文。今之報章。播揚惡行。一日千里。世道人心之所以日下也。

子曰。人皆曰予知。驅而納諸罟擭陷阱之中。而莫之知辟也。人皆曰予知。擇乎中庸。而不能期月守也。子曰。回之爲人也。擇乎中庸。得一善。則拳拳服膺而弗失之矣。

非仁守。不足以明道。故先歎不能期月守爲病。後舉顏子爲藥。全智全勇之仁。方名眞仁。所以超出賢不肖兩關。　擇而得者。知爲先導也。守而不失者。勇爲後勁也。是謂卽知卽勇之仁。言一善者。猶所謂最上一乘。一不對二。善不對惡。

子曰。天下國家可均也。爵祿可辭也。白刃可蹈也。中庸不可能也。子路問強。子曰。南方之強與。北方之強與。抑而強與。寬柔以敎。不報無道。南方之強也。君子居之。衽金革。死而不厭。北方之強也。而強者居之。故君子和而不流。強哉矯。中立而不倚。強哉矯。國有道。不變塞焉。強哉矯。國無道。至死不變。強哉矯。

非眞勇・不足以載道・故先學有相之勇爲病・後學君子之強爲藥・全知全仁之勇・方名眞勇・所以偏超知愚賢不肖之流弊・　有眞知眞仁眞勇者・均天下亦中庸・辭爵祿亦中庸・蹈白刃亦中庸・若源頭不淸・則毫釐有差・天地懸隔・且道如何是源頭・愼獨是也・倘不向愼獨處討線索・則管仲之一匡天下・不似大舜乎・原憲之貧・不似簞瓢陋巷乎・子路之死・不似比干乎・思之・　柔能勝剛・故南方亦得稱強・所謂忍爲力中最也・和則易流・不流方見眞強・中立易倚・不著中道・不恃中道・而輕兩端・方見眞強・隱居以求其志・行義以達其道・方見眞強・篤信好學・守死善道・方見眞強・如此之強・豈賢知者之所能過・故曰過猶不及也・

子曰・素隱行怪・後世有述焉・吾弗爲之矣・

素隱・是假智・行怪・是假仁・積其精神・而使後世有述・是假勇・

君子遵道而行・半塗而廢・吾弗能已矣・

勇不能守・卽仁體不純・仁不能純・卽知有未及・

君子依乎中庸・遯世不見知・而不悔・唯聖者能之・

眞智眞仁眞勇三德只是一心。一心具足三德。全修合性。故名爲依。唯聖與聖。乃能知之。下劣不知。爲實施權。脫珍御敝。慈室忍衣。是名不悔也。此上。一往皆是辨眞僞。別是非。以開圓解。而行位之要。亦不外是矣。

補註　慈悲忍室者。妙法蓮華經云。如來室者。大慈悲心是。如來衣者。和柔忍辱是。如來座者。一切法空是。

三確示修行榜樣。又爲四。初擧大道體用。以示所修。二指忠恕素位自邇自卑。以爲能修。三引舜文武周。以作標榜。四引答哀公問。結成宗要。　今初

君子之道。費而隱。夫婦之愚。可以與知焉。及其至也。雖聖人亦有所不知焉。夫婦之不肖。可以能行焉。及其至也。雖聖人亦有所不能焉。天地之大也。人猶有所憾。故君子語大。天下莫能載焉。語小。天下莫能破焉。詩云。鳶飛戾天。魚躍于淵。言其上下察也。君子之道。造端乎夫婦。及其至也。察乎天地。

道。不偏屬君子。而君子方能合道。故稱君子之道。可見一部中庸。只重修道之敎也。此約因行。故名君子之道。後約果位。故又名聖人之道。亦名至誠之道。其實無二道

也・　與知與能處・卽是不知不能處・不知不能處・正在與知與能處・非有淺深・如眼知色・耳知聲・鼻知香・舌知味・身知觸・意知法・眼能見・耳能聞・鼻能嗅・舌能嘗・身能覺・意能知・非夫婦可以與知與能者乎・眼何以能見・耳何以能聞・乃至意何以能知・非聖人有所不知不能者乎・法法皆然・人自不察・是故與知與能・皆是費處・卽皆是隱處・不知不能・皆是隱處・卽皆是費處也・聖人不知不能・天地猶有所憾・所以唯佛與佛・乃能究盡諸法實相・諸法之權・卽隱是費・諸法之實・卽費是隱・大亦不可破・小亦不可載・悟得此理・方許知費而隱・　鳶飛魚躍・卽是不知不能之至道・故宗門云・三世諸佛不知有・狸奴白牯郤知有・

補註　道卽所率之性・此性平等・聖人君子不多・愚夫婦鳶魚不少・故曰費・費猶遍也・視之不見・聽之不聞・故曰隱・鳶魚之性・亦是無量無邊・故曰小亦莫能載・心佛及衆生・是三無差別・故曰大亦莫能破・

二指忠恕素位自邇自卑・以爲能修・

子曰・道不遠人・人之爲道而遠人・不可以爲道・

世人安於卑陋妄以君子之道爲遠猶衆生妄以佛道爲遠而高推聖境也詎知十法界不離一心何遠之有

詩云伐柯伐柯其則不遠執柯以伐柯睨而視之猶以爲遠故君子以人治人改而止

人人本具故云以人治人卽指自治之法非謂治他人也改者去逆修而成順修

忠恕違道不遠施諸己而不願亦勿施於人

忠者無人無我道之本體也恕者以人例我以我推人修之方便也故曰違道不遠

君子之道四丘未能一焉所求乎子以事父未能也所求乎臣以事君未能也所求乎弟以事兄未能也所求乎朋友先施之未能也庸德之行庸言之謹有所不足不敢不勉有餘不敢盡言顧行行顧言君子胡不慥慥爾

爲子止孝爲臣止敬爲弟止恭爲友止信總一中庸隨境各有異義義雖差別體卽無差無差而差故名庸差卽無差故名中

君子素其位而行不願乎其外

一切富貧等位皆是自心所現境界故名其位心外別無少法可得故不願其外

素富貴・行乎富貴・素貧賤・行乎貧賤・素夷狄・行乎夷狄・素患難・行乎患難・君子無入而不自得焉・

觀一切境・無非卽心自性・富貴亦法界・貧賤亦法界・夷狄患難亦法界・法界無行・無所不行・一心三觀・觸處圓明・不離境以覓心・故無境不入・善卽境而悟心・故無不自得・

在上位・不陵下・在下位・不援上・正己而不求於人・則無怨・上不怨天・下不尤人・

下合六道衆生・與諸衆生同一悲仰・故不陵・上合十方諸佛・與佛如來同一慈力・故不援・知十法界・皆卽我之本性・故正己而不求人・

故君子居易以俟命・小人行險以徼幸・

居易・卽是愼獨・不愼獨・便是行險・

子曰・射有似乎君子・失諸正鵠・反求諸其身・

射而不中・未有怨天尤人者・

君子之道・辟如行遠必自邇・辟如登高必自卑・詩曰・妻子好合・如鼓瑟琴・兄弟旣翕・且

樂且耽·宜爾室家·樂爾妻孥·子曰·父母其順矣乎·子曰·鬼神之爲德·其盛矣乎·視之而弗見·聽之而弗聞·體物而不可遺·使天下之人·齊明盛服以承祭祀·洋洋乎·如在其上·如在其左右·詩曰·神之格思·不可度思·矧可射思·夫微之顯·誠之不可揜·如此夫·

妻子兄弟父母·皆邇也·鬼神·卽遠也·以此合妻子·和兄弟·順父母·卽以此格鬼神·可謂遠自邇·高自卑也·人以誠格鬼神·鬼神亦以誠而使人事之如在·非誠不足以爲感·非誠不足以爲應·非離感而有應·非離應而有感·開而會之·卽所謂諸佛心內衆生·時時成道·衆生心內諸佛·念念證眞也　誠字·雙就感應上論·一誠無二·誠卽是眞如之性·

三引舜文武周·以作標榜·皆以孝字爲主·次明修道以仁·後云親親爲大·可見最邇無如孝·最遠亦無如孝·佛經云·孝名爲戒·孝順至道之法·故知儒釋二教·入門大同·但孝有出世間之異耳·

子曰·舜其大孝也與·德爲聖人·尊爲天子·富有四海之內·宗廟饗之·子孫保之·故大德必得其位·必得其祿·必得其名·必得其壽·故天之生物·必因其材而篤焉·故栽者培之·

傾者覆之．詩曰．嘉樂君子．憲憲令德．宜民宜人．受祿于天．保佑命之．自天申之．故大德者必受命．

全重在德爲聖人一句．果能德爲聖人．縱令不爲天子．不有四海．不崇九廟．不滿四旬．而其位其祿其名其壽．元在所謂先天而天弗違．乃名受命也

子曰．無憂者．其惟文王乎．以王季爲父．以武王爲子．父作之．子述之．武王纘大王王季文王之緒．壹戎衣而有天下．身不失天下之顯名．尊爲天子．富有四海之內．宗廟饗之．子孫保之．武王末受命．周公成文武之德．追王大王王季．上祀先公以天子之禮．斯禮也．達乎諸侯大夫及士庶人．父爲大夫．子爲士．葬以大夫．祭以士．父爲士．子爲大夫．葬以士．祭以大夫．期之喪．達乎大夫．三年之喪．達乎天子．父母之喪．無貴賤一也．

雖贊文王．即是贊武周之孝．武周之孝．全由文王止孝止慈得來．

子曰．武王周公其達孝矣乎．夫孝者．善繼人之志．善述人之事者也．

善繼．善述．須與時措之宜．參看．須從愼獨．時中處．發源．

春秋．修其祖廟．陳其宗器．設其裳衣．薦其時食．宗廟之禮．所以序昭穆也．序爵．所以辨

貴賤也。序事所以辨賢也。旅酬下爲上。所以逮賤也。燕毛。所以序齒也。踐其位。行其禮。奏其樂。敬其所尊。愛其所親。事死如事生。事亡如事存。孝之至也。郊社之禮。所以事上帝也。宗廟之禮。所以祀乎其先也。明乎郊社之禮。禘嘗之義。治國其如示諸掌乎。

末節兩個所以字。正是禮中之義。由知天知人。以修身事親。由事親修身。以合天道之誠。方是事帝祀之義。否則犧牲玉帛。可爲禮乎。

四引答哀公問。結成宗要。

哀公問政。子曰。文武之政。布在方策。其人存。則其政舉。其人亡。則其政息。人道敏政。地道敏樹。夫政也者。蒲盧也。故爲政在人。取人以身。修身以道。修道以仁。仁者人也。親親爲大。義者宜也。尊賢爲大。親親之殺。尊賢之等。禮所生也。

補註　爲政在人。取人以身。修身以道。修道以仁。四句是全部政治學。通古今。達萬國。不可改也。

故君子不可以不修身。思修身。不可以不事親。思事親。不可以不知人。思知人。不可以不知天。

知天謂悟性眞也。知人謂親師取友以開智慧也。事親爲修身第一務。卽躬行之始也。知天爲法身。知人成般若。事親修身爲解脫。

天下之達道五。所以行之者三。曰君臣也。父子也。夫婦也。昆弟也。朋友之交也。五者天下之達道也。知。仁。勇。三者。天下之達德也。所以行之者。一也。

悟性具三德。則三非定三。而三德宛然。正顯圓行必由圓解。解性行本一。隨以三德而行五達也。

或生而知之。或學而知之。或困而知之。及其知之一也。或安而行之。或利而行之。或勉強而行之。及其成功一也。

生知安行。亦是修德。亦是以人合天。但省力耳。卽知卽行。所知者。卽法身之一。一必具三。能知者。卽般若。亦三。所行者。卽性具之事。事亦具三。能行者。卽妙修之功。功亦具三。雖種種三三。不離一。所謂非一非三。而三而一。

好學近乎知。力行近乎仁。知恥近乎勇。

知仁勇。爲眞修。好學。力行。知恥。爲緣修。故但云近。除卻生知安行一輩。其餘二輩。都要從緣修起．

知斯三者．則知所以修身．知所以修身．則知所以治人．知所以治人．則知所以治天下國家矣．

緣修亦是全性所起．故悟性具緣修．則一了百當．

凡爲天下國家有九經．曰修身也．尊賢也．親親也．敬大臣也．體羣臣也．子庶民也．來百工也．柔遠人也．懷諸侯也．修身則道立．尊賢則不惑．親親則諸父昆弟不怨．敬大臣則不眩．體羣臣則士之報禮重．子庶民則百姓勸．來百工則財用足．柔遠人則四方歸之．懷諸侯則天下畏之．齊明盛服．非禮不動．所以修身也．去讒遠色．賤貨而貴德．所以勸賢也．尊其位．重其祿．同其好惡．所以勸親親也．官盛任使．所以勸大臣也．忠信重祿．所以勸士也．時使薄斂．所以勸百姓也．日省月試．既稟稱事．所以勸百工也．送往迎來．嘉善而矜不能．所以柔遠人也．繼絕世．舉廢國．治亂持危．朝聘以時．厚往而薄來．所以懷諸侯也．凡爲天下國家有九經．所以行之者．一也．

九經無非性具．悟性方行九經．故曰行之者一

補註　華嚴經云。心如工畫師。能畫諸世間。五蘊悉從生。無法而不造。又云若人欲了知。三世一切佛。應觀法界性。一切唯心造。故曰所以行之者一也。

凡事豫則立。不豫則廢。言前定則不跲。事前定則不困。行前定則不疚。道前定則不窮。

先開圓解。隨起圓行。圓解不開。不名爲豫。故下文直指明善。爲誠身之本。

在下位不獲乎上。民不可得而治矣。獲乎上有道。不信乎朋友。不獲乎上矣。信乎朋友有道。不順乎親。不信乎朋友矣。順乎親有道。反諸身不誠。不順乎親矣。誠身有道。不明乎善。不誠乎身矣。

此節。與前故君子節。參看。便見其妙。前云知天。卽是今明善。前以事親。爲修身之要。今以誠身。爲順親之本。前以知人。居事親之先。今以順親。居信友之先。前約進修。今約功效。逆順相成。而皆以圓解爲先。學者可不以開圓解。爲急務乎　在下位不獨指士庶人說。諸侯在天子之下。天子在上帝之下。人爲下位。天爲上位。以人道合天道。乃名獲乎上耳　佛法釋者。不得佛道。不能度生。不合菩薩所行之道。不成佛道。不以持戒。孝順父母師僧三寶。不合菩薩所行之道。不信一體三寶。不能持無上戒。

不悟本來佛性。不能深信一體三寶也。

誠者。天之道也。誠之者。人之道也。誠者不勉而中。不思而得。從容中道。聖人也。誠之者。擇善而固執之者也。

此非以天道人道並陳。乃歸重於人道合天耳。謂除非不勉不思。方是天然聖人。世間決無天然之聖。必須擇善固執。只要修到極則。自然徹證本性矣。此已爲下文圓位張本。而又必從前文圓解發來。最宜深思。問曰。如伏羲等聖。惠能等祖。豈不是天然之聖。答曰。宗鏡云。直饒生而知之。亦是多生聞熏成種。或乃諸聖本願冥加。

博學之。審問之。愼思之。明辯之。篤行之。

王陽明曰。問思辯行。皆所以爲學。未有學而不行者也。如言學孝。則必服勞奉養。躬行孝道。而後謂之學。豈徒懸空口耳講說。乎學射。則必張弓挾矢。引滿中的。學書。則必伸紙執筆。操觚染翰。盡天下之學。未有不行而可以言學者。則學之始。固已卽是行矣。篤者。敦實篤厚之意。已行矣。而敦篤其行。不息其功之謂耳。蓋學之不能無疑。則有問。問卽學也。卽行也。又不能無疑。則有思。思卽學也。卽行也。又不能無疑。則有

辯・辯即學也・即行也・辯既明矣・思既愼矣・問既審矣・學既能矣・又從而不息其功焉・

斯之謂篤行・非謂學問思辯之後・始措之於行　也・

有弗學・學之弗能弗措也・有弗問・問之弗知弗措也・有弗思・思之弗得弗措也・有弗辯・辯之弗明弗措也・有弗行・行之弗篤弗措也・人一能之己百之・人十能之己千之

此特爲困知勉行者・示一下手之方・蓋以末世之中・學知利行者・亦不可多得・直須如此明善以誠其身・方爲修道之敎・方能滅命之妄・以合天眞・

補註　觀有弗學有弗問有弗思有弗辯有弗行五句・可知博學是要專中求博・非以雜學爲博也・專而能勤・勤而能久・未有不成者也・人一能之己百之・人十能之己千之・是孔門修行祕訣・亦是三世諸佛修行祕訣・妙法蓮華經授學無學人記品・佛云・諸善男子・我與阿難等・於空王佛所・同時發阿耨多羅三藐三菩提心・阿難常樂多聞・我常勤精進・是故我已得成阿耨多羅三藐三菩提・阿耨多羅三藐三菩提・譯云・無上正等正覺・

果能此道矣・雖愚必明・雖柔必強・

二必字與果字相照所謂吾今爲汝保任此事終不虛也古人云但辦肯心決不相賺讀者勉之

四廣陳明道合誠擬於圓位

自誠明謂之性自明誠謂之敎誠則明矣明則誠矣

自誠明者猶大佛頂經所謂性覺必明此則但有性德而無修德凡聖平等不足爲貴直須以始覺合本覺自明而誠則修德圓滿乃爲修道之敎此下二句皆承此句說去謂自明而誠誠極則明亦極是妙覺寂照之義單指修德極果言之又卽正在明善之時明則必誠是等覺以下照寂之義乃約修德從因至果言之故此二句皆約敎說不取但性爲誠則明也蓋但性無修不免妄爲明覺卻成生滅之始矣

惟天下至誠爲能盡其性能盡其性則能盡人之性能盡人之性則能盡物之性能盡物之性則可以贊天地之化育可以贊天地之化育則可以與天地參矣

補註　豎窮三際橫遍十方乃可謂盡然非佛莫能言雖聖人有所不知其時佛法未來衆生機感之大無過于天地化育故中庸所言亦止于是否則無徵不信不信

民弗從·宋相張商英云·吾惟學佛·然後知儒·誠哉是言也·愚而拒佛·便是自小·韓歐程朱諸賢·當早自悲哀懺悔·奈何後人猶效之乎·

此至誠·即是明善以誠其身·修德功極·究竟證於性體者也·故曰爲能盡其性·盡字·全約修道之敎·不可但約性德·然只說到與天地參·便是儒門狹小之處·若知空生大覺中·如海一漚·發·則佛道可階矣·

補註　已性·人性·物性·乃至天地之化育·皆是一性·故一盡而無不盡·與天地參·即是與十方世界不二·

其次致曲·曲能有誠·誠則形·形則著·著則明·明則動·動則變·變則化·唯天下至誠爲能化·

須觀介爾有心·三千具足·方是致曲·曲能有誠的工夫·連用幾个則字·正顯約機雖鈍·約敎並圓也·致字·是妙觀之功·曲字·是所觀事境·誠字·是所顯理諦·形著明三字在觀行位·即初中後三心·動字在相似位·變字在分眞位·化字在究竟位·

至誠之道·可以前知·國家將興·必有禎祥·國家將亡·必有妖孽·見乎蓍龜·動乎四體·禍

禍將至。善必先知之。不善必先知之。故至誠如神。

既致曲而到至誠之地。則必先知如神。豈俟禎祥妖孽。蓍龜動體。而後知哉。妖祥之驗。　龜之設。不過爲愚者決疑。

誠者。自成也。而道。自道也。誠者。物之終始。不誠無物。是故君子誠之爲貴。誠者。非自成己而已也。所以成物也。成己。仁也。成物。知也。性之德也。合外內之道也。故時措之宜也。

前明致曲乃到至誠。恐人謬謂誠是修成。不是性具。故今明誠者自成。即所謂天然性德也。又恐人謬謂性德止有正因。不具緣了二因。故今明道亦自道。所謂全性起修。全修在性也。又雖說性修皆本無作。人誰知此本具性修。故又即事指點。謂一切根身器界之物。無不從此誠出。無不還歸此誠。故誠乃是物之終始。若謂誠理是無。則一切物從何而有。現見有物。即知有誠。既本有誠。則必誠之爲貴矣。有性無修。性何足貴。貴在修能顯性耳。性既物我所同。故誠之者。亦必物我俱成。成己宜云是知。以成即物之己。故名爲仁。成物宜云是仁。以成即己之物。故名爲知。若己若物。無非一性。若修若性。果皆名德。事理不二。諦智一如。物我無分。果因交徹。故名合外內之道也。四悉益物。權實隨機。盡於未來。無有窮盡。故名時措之宜。

故至誠無息。不息則久。久則徵。徵則悠遠。悠遠則博厚。博厚則高明。

誠理本自豎窮橫徧。今致曲者。致到至誠地位。自然徹證豎窮橫徧之性。故至誠無息。乃至博厚高明。體用無不豎窮橫徧也。

博厚所以載物也。高明所以覆物也。悠久所以成物也。博厚配地。高明配天。悠久無疆。

用處既皆豎窮橫徧。所以載覆成物。能與天地合德。此言與天地合德。亦且就人間分量言耳。實則高天厚地。皆吾依報之一塵。

如此者。不見而章。不動而變。無爲而成。

如此者三字。牒前致曲之人。致到極處。內證誠之全體。外得誠之大用。則全體即用。全用即體。故曰不見而章等也。

天地之道。可一言而盡也。其爲物不貳。則其生物不測。

誠理全體。即具大用。人證之而內外一如。天地亦得此理。而體用不二。爲物不貳。即是體。生物不測。即是用。由攬全體。故具全用。觀心釋者。觀一念中所具國土千法名爲天地爲物不貳。正是一切惟心。若非惟心。則天是天。地是地。安得不貳。

天地之道。博也厚也高也明也。悠也久也。

天地全是一誠。故各全具博厚高明悠久六義。若以博厚單屬地。高明單屬天。卽與前分配之文何別。何必更說。且與爲物不貳之旨有妨矣。思之。

今夫天。斯昭昭之多。及其無窮也。日月星辰繫焉。萬物覆焉。今夫地。一撮土之多。及其廣厚。載華嶽而不重。振河海而不洩。萬物載焉。今夫山。一卷石之多。及其廣大。草木生之。禽獸居之。寶藏興焉。今夫水。一勺之多。及其不測。黿鼉蛟龍魚鼈生焉。貨財殖焉。

昭昭一撮一卷一勺之性。卽是無窮廣厚廣大不測之性。卽於昭昭中能見無窮者。乃可與言博厚高明悠久之道。否則落在大小情量。全是徧計妄執而已。所以文中四个多字。指點令人悟此昭昭一撮之法界不小。無窮廣厚之法界不大也。

詩云。維天之命。於穆不已。蓋曰天之所以爲天也。於乎不顯。文王之德之純。蓋曰文王之所以爲文也。純亦不已。

此命字與首篇命字不同。直指天道無息。假名爲命耳。不已。卽無息。無息。卽誠體。天得之而爲天者・以此・豈以蒼蒼者爲天哉・又若未有修德・則迷天成命・如水成冰・既有修德・則悟命成天・如冰還成水・一則全眞是妄・一則全妄是眞也・不顯即穆穆深遠之意・若作豈不顯釋者・謬・純即不已・不已即無息・以人合天・以修合性・斯之謂也・

大哉聖人之道・洋洋乎發育萬物・峻極於天・優優大哉・禮儀三百・威儀三千・

惟聖人能以教修道・而證全性之理・故直名爲聖人之道・洋洋優優・俱是性具之道・故同是大・洋洋・亦入無間・優優・亦極無外・不可偏釋・

待其人而後行・故曰苟不至德・至道不凝焉・

因至德方凝至道・所以道必屬於聖人・

故君子尊德性・而道問學・致廣大・而盡精微・極高明・而道中庸・溫故・而知新・敦厚・以崇禮・

性雖具德・由修方顯・以修顯性・名曰德性・無修・則性何足貴・修・則性顯而尊・故欲尊德性・必道問學・然欲道問學・必尊德性・不尊德性・不名眞問學也・廣大精微高明中庸・故・新・厚・禮・皆性德也・致・盡・極・道・溫・知・敦・崇・皆道問學・以尊之者也・若欲備知其義

具在性學開蒙．

補註　蕅益大師靈峯宗論．載大師性學開蒙答問一篇．最為詳盡．學者當求讀之．今錄其平論朱陸二公學說一段云．象山意謂不尊德性．則問學與不問學皆無用．但能尊其德性．即真問學．猶吾佛所謂勝淨明心不從人得．何藉劬勞肯綮修證．亦猶六祖本來無物．又即孔子吾道一以貫之也．是將尊德性攝問學．非特德性而廢問學．故得為名賢也．紫陽意謂若不道問學．雖高談德性．如所謂理佛．非關修證．必道問學．以成至德．方可凝其率性之道．猶吾佛所謂菩提涅槃．尚在遙遠．要須歷劫辛勤修證．亦猶神秀時時拂拭．又即孔子庸德之行．庸言之謹．下學而上達也．是將問學尊德性．非徒問學而置德性．亦得為名賢也．然則悟象山之所謂德性．問學已道．悟紫陽之所謂問學．德性自尊．可謂是則俱是．而象山似頓悟．較紫陽之漸修．當勝一籌．然執象山之言而失旨．則思而不學．與今世狂禪同陷險阬．孔子謂之曰殆．執紫陽之言而失旨．則學而不思．與今世教律同無實證．孔子謂之曰罔．可謂非則俱非．而無實證者．尚通六趣．陷險阬者．必墮三途．象山之流弊．亦較紫陽倍甚．若就二公之學·以救二公之徒·亦有兩番·一逆救·以象山之藥·治紫陽之病·以紫陽之藥救象山之病·二順救·執象山之言者·爲申象山眞旨·執紫陽之言者·爲申紫陽眞旨·終不若向初義打透·則二病不生·二藥無用矣·又云德性二字·已含性修因果旨趣·而廣大精微等·皆德性所具之義趣·致之盡之·乃至崇之·皆道問學者之妙修耳·尊此德性·方道其問學·道此問學·方尊其德性·否則性近習遠·淪於汙下·猶所謂法身流轉五道·爲衆生矣·然德性廣大·謂其洋洋發育也·精微·謂其優優百千也·高明·謂其位天育物也·中庸·謂其不離子臣弟友之間也·故·謂其稟自初生也·新·謂其經綸參贊也·原謂父子君臣等·皆天性所定也·禮·謂仰事俯育等·皆人事應爾也·世有廣大而不精微者·如海魚身長若干由旬·蕩而失水·螻蟻得意·有卽廣大而精微者·如阿修羅王·變身與須彌齊·復能幻入藕絲孔·德性亦爾·雖洋洋峻極·而復舉體攝入一威儀·隨舉一小威儀·全具德性·非德性少分也·世有精微而不廣大者·如玩器等·微妙精巧·不堪致用·有卽精微而廣大者·如摩尼珠·圓明清淨·不過分寸·置之高幢·四洲雨寶·德性亦爾·雖百千經曲·而隨拈其一·皆全具位育功能·非少分功能也·世

有高明而不中庸者．如夏日赫盛不可目視．有卽高明而中庸者．如諸佛光明勝百千日而觸者淸涼．德性亦爾．上達卽在下學．位天育物之極致．不離庸言庸行之家風．世有中庸而不高明者．如鄉黨善人．可狎可欺．有卽中庸而高明者．如時中之聖．溫而厲．德性亦爾．下學全體上達．灑掃應對之節．卽具旋乾轉坤之用．世有故而不新者．如衣敝不堪復御．有故而嘗新者．如上古瑤琴．一番摩撫一番音．德性亦爾．出生一切道德文章經綸事業．不可窮盡．世有新而不故者．如美食不可再列．有新而常故者．如春至花開．樹未嘗改．德性亦爾．雖出一切經綸事業道德文章．而體嘗如故．世有厚而非禮者．如牛犢相隨．殷然天愛．而罔知儀節．有厚而卽禮者．如孝子事親．冬溫夏凊．昏定晨省．出於至性．匪由勉強．德性亦爾．雖率其天眞．自有禮節．世有禮而非厚者．如六國事秦．勢不得已．有禮而卽厚者．如孔子拜下．盡禮非諂．德性亦爾．雖百千經曲．絕非強設．又致廣大而不盡精微者．亦自有博學多聞．與則半是．奪則全非．以既不精微．卽於廣大不能致．故盡精微而不致廣大者．亦自謂一門深入．與亦半是．奪亦全非．以既不廣大．則於精微不能盡．故極高明而不道中庸者．亦自謂豁達大度．然離中庸而別擬高明．便不名極道中庸而不極高明者．亦自謂言行相顧．然捨高明而安於卑陋．非君子之道．溫故而不知新者．亦自謂守其德性．而德性豈如此之癡頑．知新而不溫故者．亦自謂日有增長．然如溝澮可立待其涸．敦厚而不崇禮者．亦自謂率其本眞．未免同人道於牛馬．崇禮而不敦厚者．亦自謂學止有式．反爲忠信之薄而亂之首．故必了知廣大精微等無非德性．皆須道問學以尊之．則全修在性．全性起修．旣非二致．那偏重輕．斯爲超出是非兩關．全收二公之長．永杜二公流弊者．

是故居上不驕．爲下不倍．國有道．其信足以興．國無道．其默足以容．詩曰．旣明且哲．以保其身．其此之謂與．

不驕不倍等．卽是時措之宜．又下同悲仰．故不驕．上合慈力．故不倍．機熟則爲聖說法．四悉益物．故足興．機生則爲聖默．然三昧觀時．故足容．知實理爲明．知權理爲哲．自利利他．爲保身．猶易傳中保合太和之保．

子曰．愚而好自用．賤而好自專．生乎今之世．反古之道．如此者．烖及其身者也．

好自用。是驕。好自專。是倍。生今反古。是不知時措之宜。烖及其身。是不能保身。佛法釋者。不知權實二智。不知四悉善巧。必有自害害他之失。

非天子。不議禮。不制度。不考文。今天下。車同軌。書同文。行同倫。雖有其位。苟無其德。不敢作禮樂焉。雖有其德苟無其位亦不敢作禮樂焉子曰吾說夏禮杞不足徵也吾學殷禮。有宋存焉。吾學周禮。今用之。吾從周。

佛法釋者。禮是體義。擬法身德。度是方法。擬解脫德。文是能詮。擬般若德。三德常樂祕密之藏。惟佛一人。能開能示。後世祖師。傳佛心印。假使離經一字。卽同魔說。所謂同軌同文同倫也。夫有位無德。是迹高本下。有德無位。是本高迹下。今之本迹俱下。而輒非佛經。自撰語錄。罪何如哉。

王天下有三重焉。其寡過矣乎。

佛法釋者。得法國土。王於三界。自悟三諦。而證三德。以此三諦。立一切法。破一切法。統一切法。方無過咎。

補註　三諦三觀三德。詳見上編始終心要解。

上焉者・雖善無徵・無徵・不信・不信・民弗從下焉者・雖善不尊・不尊・不信・不信・民弗從・
佛法釋者・過去諸佛・機感已盡・未來諸佛・機緣未熟・所以化導爲難・又約教釋者・單提向上第一義諦・契理而未必契機・名爲雖善無徵・單讚散善・及戒定等・逗機而未必出世・名爲雖善不尊・

故君子之道・本諸身・徵諸庶民・考諸三王而不繆・建諸天地而不悖・質諸鬼神而無疑・百世以俟聖人而不惑・質諸鬼神而無疑・知天也・百世以俟聖人而不惑・知人也・

本諸身者・身證三德祕藏・祕藏乃本性所具也・徵諸庶民者・一切衆生皆有三佛性也・考不繆者・過去諸佛道同也・建不悖者・依正無非三諦・又以性爲天則修不悖性也・質無疑者・十法界無非一性也・舉鬼神爲言・端顯界異而理不異耳・俟不惑者・未來諸佛道同也・質鬼神・是約十法界同性・故曰 知天・俟聖人・是約佛法界同修・故曰 知人・

是故君子動・而世爲天下道・行・而世爲天下法・言・而世爲天下則・遠之則有望・近之則不厭・

動。即意輪不思議化。行。即身輪不思議化。言。即口輪不思議化。世為天下。顯其豎窮橫徧也。

詩曰。在彼無惡。在此無射。庶幾夙夜。以永終譽。君子未有不如此而蚤有譽於天下者也。

無惡無射。即是有望不厭耳。如此二字。只重在本諸身。既本諸身。自能徵考。建。質。且俟。自具三輪不思議化。蚤者。操其券於己。不求驗於人也。詩稱永終。文結蚤有。始終總不離一誠體。

仲尼祖述堯舜。憲章文武。上律天時。下襲水土。

前文明仲尼從周。而以三重歸諸王天下者。今又恐人不達。謂此大事因緣。惟在王天下人。不知時之與位。雖有差別。而本身徵民之德。三輪不思議用。無差別也。故今特明一介匹夫之仲尼。然其考不繆。建不悖。質無疑者。如此。可見此道人人有分。个个不無。

辟如天地之無不持載。無不覆幬。辟如四時之錯行。如日月之代明。萬物並育而不相

害道並行而不相悖小德川流大德敦化此天地之所以爲大也

萬物並育道並行喻性具性量卽是性體小德川流喻性體性量卽是性具大德敦化喻性具性體卽是性量此贊天地卽贊仲尼而文字出沒變化絕無痕迹

唯天下至聖爲能聰明睿知足以有臨也寬裕溫柔足以有容也發強剛毅足以有執也齊莊中正足以有敬也文理密察足以有別也

人能修德如仲尼卽爲天下至聖既爲至聖卽具聰明睿知等德既具此德卽足以有臨有容乃至有別奚必居位方名王者故大學云自天子以至於庶人壹是皆以修身爲本應知至聖至誠皆吾人自心所具極果之名不可看屬他人也

溥博淵泉而時出之溥博如天淵泉如淵見而民莫不敬言而民莫不信行而民莫不說是以聲名洋溢乎中國施及蠻貊舟車所至人力所通天之所覆地之所載日月所照霜露所隊凡有血氣者莫不尊親故曰配天

見言行卽時出也亦卽三輪不思議化也對下文配合則如天爲中如淵爲空見言行之時出爲假又溥博淵泉是理體時出之是事用理中本具三諦束三爲二名曰

空中事中亦具三諦束三爲一但名爲假也

唯天下至誠爲能經綸天下之大經立天下之功不知天地之化育夫焉有所倚

既是至聖則已究竟盡性亦名至誠聖約能證之智即大菩提誠約所證之理即大涅槃涅槃名祕密藏圓具三諦大經是俗諦大本是眞諦化育是中諦經綸之立之知之是一心三智也舉一即三言三即一不著二邊不著中道故無所倚

肫肫其仁淵淵其淵浩浩其天

三諦皆能立一切法故皆肫肫同名爲仁三諦皆能破一切惑故皆淵淵同名爲淵三諦皆能統一切法故皆浩浩皆名爲天三个其字正顯雖由修道而證實皆性具也

苟不固聰明聖知達天德者其孰能知之

聰明聖知而達天德全悟眞因而成果覺全以果覺而爲眞因者也惟佛與佛乃能究盡諸法實相信然信然

五結示始終奧旨擬於流通

詩曰·衣錦尙絅·惡其文之著也·故君子之道·闇然而日章·小人之道·的然而日亡·君子之道·淡而不厭·簡而文·溫而理·知遠之近·知風之自·知微之顯·可與入德矣·

背塵合覺·守於眞常·始則不爲物轉·棄外守內·後則靜極光通·便能轉物·故闇然而日章·若不向眞妄源頭悟徹·不向圓通本根下手·而泛濫修習·卽所謂的然而日亡也·正因緣境·名爲淡·一心三觀·名爲簡·始終修習·名爲溫·境中本具妙諦·故淡而不厭·三觀攝一切法門皆盡·故簡而文·修習從因至果·具足差別智斷·條然不亂·故溫而理·介爾有心·可謂至近也·三千具足·可謂遠矣·成佛而名聞滿十方界·可謂道風遐布也·由悟圓理·圓修圓證·以爲其本·可謂風所自矣·初心一念·修習三觀·可謂至微也·卽能具足一切究竟功德·可謂顯矣·此節重在三个知字·正是妙悟之門·

詩云·潛雖伏矣·亦孔之昭·故君子內省不疚·無惡於志·君子之所不可及者·其唯人之所不見乎·

此結示從妙悟而起妙修·卽愼獨工夫也·

詩云·相在爾室·尙不愧於屋漏·故君子不動而敬·不言而信·詩曰·奏假無言·時靡有爭·

是故君子不賞而民勸．不怒而民威於鈇鉞．詩曰．不顯惟德．百辟其刑之．是故君子篤恭而天下平．

此三節．結示由愼獨而致中和．遂能位天地．育萬物也．

詩云．予懷明德．不大聲以色．子曰．聲色之於以化民．末也．詩曰．德輶如毛．毛猶有倫．上天之載．無聲無臭．至矣．

此總結示位天育物之中和．卽是性具之德．雖復修至究竟．恰恰合於本性．不曾增一絲毫也．

章初天命之謂性．率性之謂道．是明不變隨緣．從眞如門而開生滅門也．修道之謂敎一語．是欲人卽隨緣而悟不變．從生滅門．而歸眞如門也．一部中庸．皆是約生滅門．返妄歸眞．修道之事．雖有解行位三．實非判然三法．一一皆以眞如理性．而爲所悟所觀所證．直至今文．結歸無聲無臭．可謂因果相符．性修不二矣．但此皆用法華開顯之旨．來會權文．令成實義．不可謂世間儒學．本與圓宗無別也．觀彼大孝至孝．未曾度親成佛．盡性之極．不過與天地參．則局在六合之內．明矣．讀者奈何堅執門庭。漫云三教究竟同耶。若欲令究竟同。除是開權顯實。開迹顯本。則又必歸功法華。否則誰能開顯。令與實相不相違背。思之思之。

中庸直指補註終

論語點睛補註

蕅益大師撰述
江謙居士補註

論語點睛補註序

孔子沒。而微言絕。七十子喪。而大義乖。其信然乎。漢儒明于訓詁典章。宋儒明于世法義理。皆各有功。後來而於聖言之量未盡也。明蕅益大師。以佛知見。爲四書解。而佛儒始通。微言始顯。眞解也。亦圓解也。四書解者。一論語點睛。二中庸直指。三大學直指。四孟子擇乳。擇乳亡于兵燹。惜哉。于是印光法師。亟取前之三種。序印而流通之。不慧以論語理深語簡。佛法廣大精微。學者未易知也。于蕅師所未及未詳者。更爲補註。以明之。夫點睛則圓照之體相用全矣。今所補者。但東雲一鱗。西雲一爪之數云爾。或曰。朱子集註。無取乎。曰。焉得無取。朱子集註。闡世間義理者也。可師也。其採時賢之說。毀佛正法。使人不悟本來佛性。不信因果輪迴。善無以勸。惡無以懲。小人無所忌憚。佛教衰而儒教亦熄。此天下大亂所由生也。不可從也。朱子去今千年矣。其精進當不可思議。豈尚拘曩時成見乎。蕅師此解。開出世光明者也。而不離世間法。使人了知本來佛性。深信因果輪迴。敦倫而盡分。畏惡而遷善。滌染而修淨。佛教昌而儒教益顯。非但天下大治所由始。而亦作佛菩薩聖賢。自度度他。俾久塞得通。久苦得樂之津梁也。人身難得。佛法難聞聞、世間超世間不二之法尤難。學者其敬受之哉。

民國二十三年甲戌季春陽復居士江謙謹述

論語點睛補註上

古吳蕅益道人智旭述
陽復子江謙補註

學而第一

子曰。學而時習之。不亦說乎。有朋自遠方來。不亦樂乎。人不知·而不慍。不亦君子乎。

此章以學字·爲宗主。以時習二字·爲旨趣。以悅字·爲血脈。朋來·及人不知·皆是時習之時。樂·及不慍·皆是說之血脈無間斷處。蓋人人本有靈覺之性·本無物累·本無不說。由其迷此本體·生出許多恐懼憂患。今學·即是始覺之智·念念覺於本覺。無不覺時·故名時習。無時不覺·斯無時不說矣。此覺原是人所同然·故朋來而樂。此覺原無人我對待·故不知不慍。夫能歷朋來·人不知之時·而無不習無不說者·斯爲君子之學。學若以知不知二其心·豈孔子之所謂學哉。

補註　或問學者覺也。但覺悟心性。不求之事物。有濟乎。曰。圓覺之人。知天下一切事物皆吾心也。一事未治。一物未安。則是吾心未治未安也。治之安之。悅可知矣。故大學言致知在格物。又言物格而后知至。學是致知。時習之則格物之功也。安有棄物蹈空之弊乎。棄物蹈空。非覺者也。格物之本。即是修身。故自天子至于庶人。壹是皆以修身爲本。一身果修。多身化之。故朋自遠來。與人同樂。有未化者。是吾心之誠未至也。但當反求諸己。故人不知而不慍。至誠無息。則君子也。君子即易所謂大人。修身齊家治國平天下。人人有責。位雖不同。其有事則同也。故曰不亦君子乎。

有子曰。其爲人也孝弟。而好犯上者。鮮矣。不好犯上。而好作亂者。未之有也。君子務本。本立而道生。孝弟也者。其爲仁之本與。

爲仁正是爲人。不仁便不可爲人矣。作亂之本。由於好犯上。犯上之本。由於不孝弟。不孝弟由於甘心爲禽獸。若不肯做衣冠禽獸。必孝弟以爲人。爲人即仁義禮智自皆具足。故孝弟是仁義禮智之本。蓋孝弟是良知良能。良知良能是萬事萬物之本源也。

補註　論性則仁爲孝弟之本。論修則孝弟爲爲仁之本。天下大亂之原。自不孝不弟始。孝弟則仁慈興而亂機息矣。然則興孝弟之道奈何。曰上老老而民興孝。上長長而民興弟上恤孤而民不倍不孝不弟之人而居上位天下大亂所由生也孝弟之人而居上位天下大治所由生也孝經云孝弟之至通于神明光于四海至仁莫如佛佛之發大誓願普度衆生以衆生皆過去之父母六親也孝弟之至報恩之大無過是矣

子曰巧言令色鮮矣仁

巧言口爲仁者之言也令色色取仁也仁是心上工夫若向言色處下手則愈似而愈非

曾子曰吾日以三事而省吾身爲人謀而不忠乎與朋友交而不信乎傳不習乎

三事只是己躬下一大事耳倘有人我二相可得便不忠信倘非見過於師便不能習此是既唯一以貫之之後方有此眞實切近功夫

子曰道千乘之國敬事而信節用而愛人使民以時

五者以敬事爲主敬事又從敬止功夫得來

子曰弟子入則孝出則弟謹而信汎愛衆而親仁行有餘力則以學文

養蒙莫若學問學問不過求放心求放心莫若格物致知孝弟謹信乃至學文皆格物致知之功也直教一切時文行合一而修不是先行後文蓋文是道統所寄孝弟忠信等卽是文之實處故曰文王既沒文不在茲乎若僅作六藝釋之陋矣

子夏曰賢賢易色事父母能竭其力事君能致其身與朋友交言而有信雖曰未學吾必謂之學矣

賢賢不但是好賢乃步步趨趨之意蓋自置其身於聖賢之列此卽學之本也事親事君交友皆躬行實踐克到聖賢自期待處所以名爲實學

補註　易色謂无我相人相也人之有技若己有之自他不二故曰易色有我相人相則妬賢嫉能之心生矣

子曰君子不重則不威學則不固主忠信無友不如己者過則勿憚改

期心於太聖大賢名爲自重戒愼恐懼名爲威始覺之功有進無退名爲學固倘自待稍輕便不能念念兢業惕厲而暫覺還迷矣此直以不重爲根本病也忠則直心正念眞如信則的確知得自己可爲聖賢正是自重之處既能自重更須親師取友

勇於改過。此三、皆對證、妙藥也。故知今之悅不若己、憚於改過者、皆是自輕者耳。又主忠信、是良藥。友不如、憚改過。是藥忌。

補註　眞實修行。須從心性悟入。從忠信立身。從懺悔起行。知自性无量无邊。不生不滅。則誓成正覺。誓度衆生。橫遍十方。故重豎窮三際。故威知人道不修。他道難修。一失人身。萬劫難復。則當戒愼恐懼。精進不退。故學日固。知自性无邪。故忠知自性无妄。故信知善惡淨染。皆由緣生。故當友下之善士。又尙友古之人。而无友不如己者。无友者。見不賢而內自省也。知多生罪暗。懺炬能消。故過則勿憚改。以期障雲盡而慧日明。唐悟達國師三昧水懺。梁武皇慈悲道場懺法。皆懺罪修行之大導師也。

曾子曰。愼終追遠。民德歸厚矣。

厚、是本性之德。復其本性。故似歸家。

補註　知眞性无量无邊。不生不滅。則知民德本厚。流于薄者。習爲之也。教民愼終追遠。其事甚多。不但喪盡其禮。祭盡其誠而已。言其小者。如一粥一飯。當思來處不易。便是追遠。飯食已訖。一箸一器。必安放整齊。便是愼終。言其大者。如弘揚淨土法門。教人臨命終時。一心念佛。求生淨土。是眞愼終。發弘誓願。普度衆生。以報多生多劫父母養育之恩。是眞追遠。然非教天下人民皆悉歸依三寶。安能歸其本厚之性德乎。三寶者。佛法僧也。佛是自覺覺他覺行圓滿之果位。法是脫苦得樂去染修淨之良方。僧是紹隆佛種弘揚正法之菩薩羅漢諸聖賢也

子禽問於子貢曰。夫子至於是邦也。必聞其政。求之與。抑與之與。子貢曰。夫子溫良恭儉讓以得之。夫子之求之也。其諸異乎人之求之與。

此可與美玉章參看。子貢以沽與藏爲問。夫子再言沽之。只是待價二字。便與尋常沽法不同。今子禽以求并與爲問。子貢亦言求之。只是說出溫良恭儉讓五字。便與尋常求法不同。若竟說不求不沽。則與巢許何別。若竟說求之沽之。則與功名之士何別。若知舜禹有天下而不與焉。顏子居陋巷而非置斯民於度外。則知富强禮樂春風沂水。合則雙美。離則兩偏矣。

補註　子貢聖門言語之選。不但讚孔子入妙。其論因果亦甚精。溫則人親之。良則人信之。恭則人敬之。儉則人便之。讓則人與之。故至于是邦。必聞其政。世間一切得

失禍福皆是自因自果自作自受故君子求諸己不願乎其外大學言自天子以至于庶人壹是皆以修身爲本小人不信因果不務修身舍己而求人行險以徼幸求之不得則怨天尤人而爲惡爲亂無所不至矣

子曰父在觀其志父沒觀其行三年無改於父之道可謂孝矣

此總就孝道上說觀其志觀其事父之心也觀其行觀其居喪之事也

有子曰禮之用和爲貴先王之道斯爲美小大由之有所不行知和而和不以禮節之亦不可行也

由之由其本和之禮也不行者廢禮而尙和禮不行而和亦不可行也

補註　有所不行知和而和二句是說明上文之意謂禮有所不行者知和而得行矣故禮之用和爲貴先王之道斯爲美而小事大事无不由之也然不以禮節之則是同乎流俗合乎汙世之鄉原不得謂之和亦決不可行也故小人同而不和君子則非禮勿視非禮勿聽非禮勿言非禮勿動發而皆中節故君子和而不同也有所不行者謂可行之道而有所窒礙未之能行不可行者謂鄉原小人之道必不可行

也。和者•平等觀也。禮者•差別觀也。于平等知差別。于差別知平等。則中道圓觀也。若偏于差別。或偏于平等。而欲以强力行之。其爲禍于天下。不可勝言矣。

有子曰。信近於義•言可復也。恭近於禮•遠恥辱也。因不失其親•亦可宗也。

欲愼終者•全在謀始。只貴可復可宗•不必定復定宗。

子曰。君子食無求飽•居無求安。敏於事而愼於言。就有道而正焉。可謂好學也已。

敏事如顏子之請事斯語。惟此一事。更非餘事也。愼言即所謂仁者其言也訒。從敏事處得來。不是兩橛。就正有道。是慕道集義。不求安飽。是簞瓢陋巷家風。非顏子不足以當此。故惟顏子好學。

子貢曰。貧而無諂•富而無驕•何如。子曰。可也。未若貧而樂•富而好禮者也。子貢曰。詩云如切如磋•如琢如磨•其斯之謂與。子曰。賜也。始可與言詩已矣。告諸往而知來者。

子貢之病•在顧息•又在悅不若己。故因其所明而通之。告往知來•全是策進他處。道曠無涯•那有盡極。若向樂與禮處坐定。便非知來矣。

子曰。不患人之不己知•患不知人也。

自利•則親師取友•必要知人。利他•則應病與藥•尤要知人。

爲政第二

子曰。爲政以德。譬如北辰•居其所•而衆星共之。

爲政以德•不是以德爲政。須深體此語脈。蓋自正正他•皆名爲政。以德者•以一心三觀•觀於一境三諦•知是性具三德也。三德秘藏•萬法之宗。不動道場•萬法同會。故譬之以北辰之居所。

補註　三諦者。天然之性德也。眞諦者。泯一切法。俗諦者。立一切法。中諦者。統一切法。修行者。依于眞諦而起空觀。依于俗諦而起假觀。依于中諦而起中道圓觀。此三觀者。三世諸佛之心印也。堯舜禹授受。惟精惟一。允執厥中之心法。亦卽此三觀。惟一卽空觀。惟精卽假觀。允執厥中卽空假雙照之中觀也。故堯舜垂衣裳而天下治。北辰卽上帝之所居。上帝居須彌山頂。吾人所居之贍部洲。在須彌山南。故稱之曰北辰。實則一小世界。東西南北四天下之中樞也。日月衆星。皆環繞須彌山腰而行。故曰拱之。爲政以德。則正己而物自正。不言而民信。不動而民敬。不怒而民威于鈇鉞。又上老老而民興孝上長長而民興弟上恤孤而民不倍故取譬于北辰居其所而衆星拱之也。

子曰詩三百一言以蔽之曰思無邪。

此指示一經宗要令人隨文入觀卽聞卽思卽修也若知詩之宗要則知千經萬論亦同此宗要矣

補註　思妄心也無邪眞心也詩三百篇皆妄心所成妄依眞有眞妄不二解此義者全妄成眞黃花翠竹皆是眞如紙畫木雕無非眞佛故曰思无邪也

子曰道之以政齊之以刑民免而無恥道之以德齊之以禮有恥且格

五霸雖駕言於德禮總只政刑帝王雖亦似用政刑無非德禮蓋德禮從格物誠意中來孟子所謂集義所生政刑徒賢智安排出來孟子所謂義襲而取也

子曰吾十有五而志于學三十而立四十而不惑五十而知天命六十而耳順七十而從心所欲不踰矩

只一學字到底學者覺也念念背塵合覺謂之志覺不被迷情所動謂之立覺能破

微細疑網•謂之不惑。覺能透眞妄關頭•謂之知天命。覺六根皆如來藏•謂之耳順。覺六識皆如來藏•謂之從心所欲不踰矩。此是得心自在。若欲得法自在•須至八十九十•始可幾之。故云若聖與仁則吾豈敢。此孔子之眞語實語。若作謙詞解釋•冤卻大聖一生苦心。　返聞聞自性•初須入流亡所•名之爲逆。逆極而順•故名耳順。卽聞所聞盡。分得耳門圓照三昧也。

補註　眼耳鼻舌身意爲六根。眼識耳識鼻識舌識身識意識爲六識。如來藏卽佛性。亦卽无量无邊•不生不滅•不變隨緣•隨緣不變之妙眞如心也。眞者不妄•如者不變。妙者不可思議也。入流亡所。卽返聞聞自性。逆隨緣之流•順不動之性。性體不動。故能聞所聞俱盡也。是謂圓照三昧。三昧者。正定之法門也。

孟懿子問孝。子曰。無違。樊遲御。子告之曰。孟孫問孝於我•我對曰無違。樊遲曰。何謂也。子曰。生•事之以禮。死•葬之以禮•祭之以禮。

克己復禮。方能以禮事親。違禮卽非孝矣。

補註　一部孝經。三言盡之。禮之大者•無過于勸親戒殺•免墮惡道。念佛求生淨土。

陽復齋勸提倡素食詩云。果蔬百穀各芬芳。種種烹調恣啖嘗。何苦刀頭結寃業。不辭世世變豬羊。欲將宰割報親恩。轉送雙親地獄門。豈料孝思成毒計。愚生眞是可憐蟲。數百亡靈哭震天。阿難問佛佛宣言。殺生設祭資冥福。豈意翻成惡道緣。（佛與阿難在河邊行。見五百餓鬼。歌吟而前。阿難問佛。佛言。其家子孫。爲彼修福。當得解脫·是以歌舞·又見數百好人。啼哭而過。阿難又問。佛言。彼家子孫。爲其殺生設祭。後有大火逼之。是以啼哭·見大藏一覽。）三年饘粥報親恩。自古君民一例同。漢室何緣廢昌邑。居喪私自饌雞豚。（漢迎昌邑王入紹帝位。因居喪不素食。奉太后詔廢免。見霍光傳。孟子言三年之喪。饘粥之食。自天子達於庶人。）陽明素食尊喪禮。特爲甘泉設一肴。歸去遺書猶切責。俗儒何忍恣烹炮。（明王陽明爲湛甘泉自遠來弔。特設一肉。甘泉切責之。見陽明文集。）若能勸親念佛。或爲親念佛。求生淨土。永脫輪回。尤爲大孝。蓮池大師云。親得離塵垢。子道方成。就眞至言也。

孟武伯問孝。子曰。父母惟其疾之憂。

此等點示·能令有人心者痛哭。

補註　其謂父母也。唯父母致疾之憂。則必竭誠盡敬。和氣婉容。以事其親矣。修身立行。揚名後世。以慰其親矣。孔子之答問孝諸章。孟子所謂養志。所謂唯順于父母。

可以解憂。皆是唯其疾之憂之心推之也。

子游問孝。子曰。今之孝者。是謂能養。至於犬馬。皆能有養。不敬。何以別乎。

以犬馬養。但養口體。能養志者。乃名爲敬

子夏問孝。子曰。色難。有事。弟子服其勞。有酒食。先生饌。曾是以爲孝乎。

根於心而生於色。孝在心而不獨在事也

子曰。吾與回言終日。不違如愚。退而省其私。亦足以發。回也不愚。

私者。人所不見之地。卽愼獨。獨字。惟孔子具他心道眼。能於語言動靜之際。窺見其私。故曰。回也其心三月不違仁。退。非顏子辭退。乃孔子退而求之於接見問答之表耳。

子曰。視其所以。觀其所由。察其所安。人焉廋哉。人焉廋哉。

己之所以。所由所安。千停百當。則人之所以所由所安。不難視觀察矣。故君子但求諸己。如磨鏡然。

子曰。溫故而知新。可以爲師矣。

觀心爲溫故。由觀心故、圓解開發、得陀羅尼、爲知新。蓋天下莫故於心、亦莫新於心也。

補註　陀羅尼印度語。譯云能持。又云能遮。持善令不失。遮惡令不生也。溫故者。明其不變之體。知新者。妙其隨緣之用。溫故是正念眞如。知新是善行方便。

子曰。君子不器。

形而上者謂之道、形而下者謂之器。乾坤太極、皆器也。仁者見之謂之仁、智者見之謂之智、無非器也。況瑚璉斗筲、而非器哉。李卓吾云。下學而上達、便是不器。此言得之。

子貢問君子。子曰。先行其言、而後從之。

說得一丈、不如行得一尺。正是此意。

子曰。君子周而不比。小人比而不周。

生緣、法緣、無緣。三慈皆是周。愛見之慈、卽是比。

子曰。學而不思則罔。思而不學則殆。

學而不思。卽有聞無慧。思而不學・卽有慧無聞。罔者・如人數他寶・自無半錢分也。殆者・如增上慢人・墮坑落塹也。

子曰。攻乎異端・斯害也已。

端・頭緒也。理本不異・但頭緒一差・則天地懸隔。

補註　佛老孔三教・皆有正道與末流・異端之分。攻乎異端則自害害他。可不愼乎。

子曰。由・誨女知之乎。知之爲知之。不知爲不知。是知也。

子路向能知所知上用心。意謂無所不知。方名爲知。不是强不知以爲知也。此則向外馳求・全昧知體。故今直向本體點示・只要認得自己眞知之體・更無二知。此與知見立知・卽無明本・知見無見・斯卽涅槃之旨。參看方見聖人道脈之妙。若捨此而別求知。不異丙丁童子求火・亦似騎牛覓牛矣。

子張學干祿。子曰。多聞闕疑・愼言其餘・則寡尤。多見闕殆・愼行其餘・則寡悔。言寡尤・行寡悔。祿在其中矣。

何日無聞。何日無見。聞見不患不多。患不能闕疑殆・愼言行耳。祿在其中・是點破天爵天祿．乃吾人眞受用處。若作有得祿之道解釋．陋矣陋矣。

補註　干祿謂求福也。言是口業。行是身業。慎是意業。身口意三業勤修。外則寡尤。內則寡悔。卽是自求多福。故曰祿在其中。多聞多見而不能闕疑闕殆。隨波而流。隨風而靡。則災禍墮落之所由來也。可不愼與。

哀公問曰。何爲則民服。孔子對曰。舉直錯諸枉。則民服。舉枉錯諸直。則民不服。

惟格物誠意之仁人．爲能舉直錯枉。可見民之服與不服。全由己之公私。不可求之於民也。

季康子問使民敬忠以勸．如之何。子曰。臨之以莊則敬。孝慈則忠。舉善而教不能則勸。

臨莊從知及仁守發源。知及仁守。只是致知誠意耳。孝慈舉善教不能。皆是親民之事。皆是明德之所本具。可見聖門爲治。別無岐路。此節三個則字。上節兩個則字。皆顯示感應不忒之機．全在自己。

或謂孔子曰。子奚不爲政。子曰。書云孝乎。惟孝友于兄弟。施於有政。是亦爲政。奚其爲爲政。

此便是為政以德。

子曰。人而無信。不知其可也。大車無輗。小車無軏。其何以行之哉。

不信自己可為聖賢。如何進德修業。

子張問十世可知也。子曰。殷因於夏禮。所損益可知也。周因於殷禮。所損益可知也。其或繼周者。雖百世可知也。

知來之事。聖人別有心法。與如來性具六通相同。如明鏡無所不照。非外道所修作意五通可比也。子張騖外。尚未能學孔子之迹。又安可與論及本地工夫。故直以禮之損益答之。然禮之綱要決定不可損益。所損益者。因時制宜。隨機設教之事耳。若知克己復禮為仁。則知實智。若知隨時損益之致。則知權智。既知權實二智。則知來之道不外此矣。言近指遠。善哉善哉。

補註　禮有理有事。不可損益者理也。所可損益者事也。故雖百世可知也。

子曰。非其鬼而祭之。諂也。見義不為。無勇也。

罵得痛切。激動良心。

八佾第三

孔子謂季氏八佾舞於庭。是可忍也。孰不可忍也。

卓吾云。季氏要哭。

三家者以雍徹。子曰。相維辟公。天子穆穆。奚取於三家之堂。

卓吾云。三家要笑。

子曰。人而不仁。如禮何。人而不仁。如樂何。

世人雖甘心爲不仁。未有肯甘棄禮樂者。但既棄仁。即棄禮樂。故就其不肯棄禮樂處喚醒之也。卓吾云。季氏三家哭不得。笑不得。

林放問禮之本。子曰。大哉問。禮與其奢也寧儉。喪與其易也寧戚。

儉非禮之本。而近於本。故就此指點。庶可悟本。

子曰。夷狄之有君。不如諸夏之亡也。

此痛哭流涕之言也。嗚呼。可以中國而不如夷乎。

季氏旅於泰山。子謂冉有曰。女弗能救與。對曰。不能。子曰。嗚呼。曾謂泰山不如林放乎。

卓吾云。季氏聞之、不勝扯淡。便是夫子救季氏處。

子曰。君子無所爭、必也射乎、揖讓而升、下而飲。其爭也君子。

必也射乎正是君子無所爭處

子夏問曰。巧笑倩兮、美目盼兮、素以爲絢兮、何謂也。子曰。繪事後素。曰。禮後乎。子曰。起予者商也。始可與言詩已矣。

素以爲絢、謂倩盼是天成之美。不假脂粉、自稱絕色也。人巧終遜天工、故曰繪事後素、後者落在第二義之謂。非素質後加五采之解。禮後乎者、直斥後進之禮爲不足貴。亦非先後之後、卓吾云與言詩、非許可子夏也。正是救禮苦心處。

子曰。夏禮吾能言之、杞不足徵也。殷禮吾能言之、宋不足徵也。文獻不足故也。足則吾能徵之矣。

無限感慨。

子曰。禘自既灌而往者、吾不欲觀之矣。

方外史曰。禪自白椎而往者、吾不欲聞之矣。教自擊鼓而往者、吾不欲聽之矣。律自發心而往者。吾不欲觀之矣。嗚呼。古今同一痛心。事世出世法。同一流弊。奈之何哉。

補註　當與三家者以雍徹章合看。

或問禘之說。子曰。不知也。知其說者之於天下也。其如示諸斯乎。指其掌。

程季淸曰。王者於天下大定之後。方行禘禮。爾時九州之方物畢貢於前。歷代之靈爽盡格於廟。可謂竪窮橫徧。互幽徹明。浹上洽下。無一事一物不羅列於現前一刹那際矣。示天下如指其掌。不亦宜乎。方外史曰。既云不知。又指其掌。所謂此處無銀三十兩也。

補註　莊子云。天地與我並生。而萬物與我爲一。此本性一體之說也。知神人之一體。爲萬物而報恩。其知禘與一切祭之說矣。若殺生以祭神。行私而求福。則獲罪于天。無所禱也。昔人有埋金而榜之者曰。此處無銀三十兩。藕師蓋借以喻孔子不言之言也。

祭如在。祭神如神在。子曰。吾不與祭。如不祭。

與。許也。祭如不祭。謂無誠心之人。故夫子不許之。

王孫賈問曰。與其媚於奧。寧媚於竈。何謂也。子曰。不然。獲罪於天。無所禱也。

卓吾云。媚便獲罪於天矣。

子曰。周監於二代。郁郁乎文哉。吾從周。

花發之茂。由於培根。禮樂之文。本於至德。至德本於身。而考於古。卽是千聖心法。故從周只是以心印心。又從周。卽從夏商。卽從太古也。

子入太廟。每事問。或曰。孰謂鄹人之子知禮乎。入太廟。每事問。子聞之曰。是禮也。

卓吾云。只論禮與非禮。那爭知與不知。方外史曰。不知便問。是孔子直心道場處。若云雖知亦問者。謬矣。

子曰。射不主皮。爲力不同科。古之道也。

子貢欲去告朔之餼羊。子曰。賜也。爾愛其羊。我愛其禮。

子貢見得是羊。孔子見卽是禮。推此苦心。便可與讀十輪佛藏二經。二經明剃髮染衣者。不論具戒破戒。乃至不曾受戒。亦是佛弟子相。決定不可毀辱。卓吾云。留之則爲禮。去之則爲羊。故云其羊其禮。

子曰。事君盡禮。人以爲諂也。

於三寶境、廣修供養。人亦以爲靡費者、多矣。哀哉。

定公問君使臣、臣事君、如之何。孔子對曰、君使臣以禮、臣事君以忠。

子曰、關雎樂而不淫、哀而不傷。

后妃不嫉妒、多求淑女、以事西伯、使廣繼嗣之道、故樂不淫、哀不傷。若以求后妃得后妃爲解、可笑甚矣。詩傳詩序、皆云后妃求淑女、不知紫陽何故別爲新說

哀公問社於宰我。宰我對曰、夏后氏以松、殷人以柏、周人以栗。曰使民戰栗。子聞之曰、成事不說、遂事不諫、既往不咎。

哀公患三家之强暴、問於有若。有若對曰、惟禮可禦暴亂。此端本澄源之論也。今云戰栗以敬神明、似則似矣。然未能事人、焉能事鬼。未知敬止工夫、安能大畏民志哉

卓吾云、實是說他、諫他、咎他。亦是說哀公、諫哀公、咎哀公

子曰、管仲之器小哉。或曰、管仲儉乎。曰、管氏有三歸、官事不攝、焉得儉。然則管仲知禮乎。曰、邦君樹塞門、管氏亦樹塞門。邦君爲兩君之好、有反坫、管氏亦有反坫。管氏而知禮、孰不知禮。

一匡天下處是其仁不儉不知禮處是其器小孔子論人何等公平亦何等明白蓋大器已不至此況不器之君子乎

子語魯大師樂曰樂其可知也始作翕如也從之純如也皦如也繹如也以成

樂是心之聲聞其樂而知其德故翕如純如等須從明德處悟將來非安排於音韻之末也

補註　孔子論樂即是論心樂由心生亦即正心之具也孔子知正心故知樂也始作翕如者因該果海故當慎之于初也從之者謂聞善言見善行沛然莫禦若決江河純如者用志不紛乃凝于神也皦如者光明徧照無所障礙繹如者念念相續无有間斷盡于未來也一切事如是而成樂亦如是而成也古者司樂之官即司教之官故稱之曰太師尙書舜典命夔典樂教胄子直而溫寬而栗剛而無虐簡而無傲詩言志歌永言聲依永律和聲八音克諧無相奪倫神人以和此皆以樂正心之義也心正而身修家齊國治天下平矣故曰神人以和孔子于樂屢言之矣曰興于詩立于禮成于樂曰吾自衛反魯然後樂正雅頌各得其所曰樂則韶舞在齊聞韶三

月不知肉味曰不圖爲樂之至于斯也曰人而不仁如樂何樂云樂云鐘鼓云乎哉
曰惡鄭聲之亂雅樂也曰鄭衞之音亡國之音也樂之關係成敗興亡者如此故子貢曰見其禮而知其政聞其樂而知其德由百世之下等百世之王莫之能違也治國者其知此義乎

儀封人請見曰君子之至於斯也吾未嘗不得見也從者見之出曰二三子何患於喪乎天下之無道也久矣天將以夫子爲木鐸

終身定評千古知己夫子眞萬古木鐸也

子謂韶盡美矣又盡善也謂武盡美矣未盡善也

覺浪禪師曰此評樂非評人也蓋韶樂能盡舜帝之美又能盡舜帝之善武樂能盡武王之美未能盡武王之善舜武都是聖人豈有未盡善者方外史曰王陽明謂金之分兩不必同而精純同以喻聖之才力不必同而純乎天理同此是千古至論故孟子曰行一不義殺一不辜而得天下皆不爲也是則同亦是此旨

子曰居上不寬爲禮不敬臨喪不哀吾何以觀之哉

卽是吾不欲觀之意·非是觀其得失。

補註　哭泣盡情。哀之淺者也。念佛送終。求佛接引。出輪迴。生淨土。哀之深者也。孔子易傳。言精氣爲物。游魂爲變。可知死者精氣不死。者靈魂。變則善惡殊途。升沉遠隔。若墮畜生餓鬼地獄。苦不可言。故臨命終時。家人親屬。當朗誦佛號。助生淨土。不宜哭泣。擾其心神。陷親苦趣。罪莫大焉。待體溫已冷。神識已離。然後收斂。盡情哭泣無妨矣。願仁人孝子。廣播斯言。

里仁第四

子曰。里仁爲美·擇不處仁·焉得知。

里以宅身。尚知以仁爲美。道以宅心·反不擇仁而處。何其重軀殼·而輕性靈也。

補註　西方極樂邦。衆聖之仁里。得託蓮花生。萬倍閻浮美。樓閣七寶成。黃金爲大地。思衣而得衣。思食而得食。光明照十方。壽命無量劫。不歷阿僧祇。一生補佛位。不聞惡道名。何況有其實。一句阿彌陀。得此不思議。如此妙法。不肯修行。如此淨土。不求往生。見佛聞法。精進不退。直至成佛。而甘居五濁惡世。甘受生死輪迴。可謂智乎。

子曰。不仁者，不可以久處約，不可以長處樂。仁者安仁，知者利仁。

見有心外之約樂，便不可久處長處。可見不仁之人無地可容其身矣。安仁則約樂皆安，利仁則約樂皆利。何等快活受用。

子曰。惟仁者，能好人，能惡人。

無好無惡，故能好能惡。無好無惡，性量也。能好能惡，性具也。仁，性體也。

子曰。苟志於仁矣，無惡也。

千年暗室，一燈能破。

子曰。富與貴，是人之所欲也。不以其道得之，不處也。貧與賤，是人之所惡也。不以其道得之，不去也。君子去仁，惡乎成名。君子無終食之間違仁。造次必於是，顚沛必於是。

此章皆誡訓之辭。若處非道之富貴，去非道之貧賤。便是去仁，便不名爲君子。若要眞正成個君子，名實相稱，須是終食之間不違，造次顚沛不違。

補註　讀不以其道爲句。不以其道而處富貴，是不處仁也。不以其道而去貧賤。是去仁也。去仁何以爲君子。欲無終食之間違仁，方便法門，無如念佛。念佛者，常念南摩阿彌陀佛。南無譯云歸依。阿彌陀佛。譯云無量光無量壽正覺也。本性光明壽命無量故念佛即是念仁。閒忙無廢。鈍慧均能。白居易詩云。行也阿彌陀。坐也阿彌陀。縱饒忙似箭。不廢阿彌陀。念仁全憑自力。念佛兼仗佛力。故消業障。長善根。出輪迴。生淨土。利益尤不可思議也。淨土念佛法門。若在孔子時。早入中國。必當普教修持矣。

子曰。我未見好仁者，惡不仁者。好仁者，無以尚之。惡不仁者，其爲仁矣，不使不仁者加乎其身。有能一日用其力於仁矣乎。我未見力不足者。蓋有之矣，我未之見也。

惡不仁者用個其爲仁矣四字。便是一串的工夫。卓吾云。無以尚之，不使不仁者加乎其身。正是用力力足處。蓋有之矣，謂世界爾許大，豈無一日用力者。奈我未之見耳。望之之辭。好仁者就是慚，惡不仁者就是愧。

子曰。人之過也，各於其黨。觀過斯知仁矣。

此法眼也，亦慈心也。世人但於仁中求過耳。孰肯於過中求仁哉。然惟過，可以觀仁。小人有過則必文之。仁人有過，必不自掩故也。

子曰。朝聞道。夕死可矣。

不聞道者。如何死得。　若知死不可免。如何不急求聞道。若知朝聞可以夕死。便知道是豎窮橫徧。不是死了便斷滅的。

補註　愚夫斷見。謂一死百了。不知死者軀殼。不死者性靈。也有死而得苦十百千萬于生者。有死而得樂十百千萬于生者。不知六道輪迴之苦。淨土无生之樂。不知孔子此言之痛切而弘深也。朝聞道而夕死可者。聞出輪迴而生淨土之大道也。六道輪迴者。天人神爲三善道。畜鬼地獄爲三惡道。讀地藏菩薩本願經。便知輪迴六道之無常。地獄種種慘苦之難受。讀阿彌陀經。無量壽經。觀無量壽經。便知阿彌陀佛接引衆生之大願。極樂世界不可思議之莊嚴。佛法難聞。人身難得。生死事大。瞬息無常。當以如恐不及之心求之。若遲疑不決。以待來年。一失人身。萬劫難復。可不哀哉。

子曰。士志於道。而恥惡衣惡食者。未足與議也。

當與食無求飽。居無求安。參看便見聖賢學脈。

子曰。君子之於天下也。無適也、無莫也、義之與比、

義之與比、正所謂時措之宜。卻須從格物愼獨來。若欲比義、便成適莫。義來比我、方見無適莫處。比義則爲義所用、義比則能用義。比義則同告子之義外、便成襲取。義比則同孟子之集義。便是性善。當與趙州使得十二時、壇經悟時轉法華並參。

子曰。君子懷德。小人懷土。君子懷刑、小人懷惠。

見德者、不見有土。見土者、不見有德。見法者、不見有惠。見惠者、不見有法。此皆獨喩於懷、不可以告人者。譬如飮水、冷暖自知而已。

子曰。放於利而行、多怨。

卓吾云。何利之有。

子曰。能以禮讓爲國乎、何有。不能以禮讓爲國、如禮何。

能以禮讓、不但用得禮。亦爲得國。不能以禮讓爲國、不但治不得國、亦用不得禮。

子曰。不患無位、患所以立。不患莫己知、求爲可知也。

此對治悉檀、亦阿伽良藥也。

子曰。參乎。吾道一以貫之。曾子曰。唯。子出。門人問曰。何謂也。曾子曰。夫子之道。忠恕而已矣。

此切示下手工夫。不是印證。正是指點初心。須向一門深入耳。忠恕眞實貫得去。亦是有個省處。乃能如此答話。然不可便作傳道看。顏子既沒。孔子之道的無正傳。否則兩歎今也則亡。豈是誑語。

補註　一者不變之體。自二而十而百而千而萬。乃至無量數。皆隨緣之用。其體皆一也。全性起修。全修顯性。故曰一以貫之。

子曰。君子喩於義。小人喩於利。

喩字形容君子小人心事。曲盡其致。喩義。故利亦是義。喩利。故義亦是利。釋門中發菩提心者。世法亦成佛法。名利未忘者。佛法亦成世法。可爲同喩。

子曰。見賢思齊焉。見不賢而內自省也。

方是慚愧二字實義。方是三人行必有我師。方可云盡大地無不是藥。此聖賢佛祖總訣也。

子曰。事父母・幾諫。見志不從・又敬不違。勞・而不怨。

始終只一幾諫。幾諫。只是敬父母。故期之以聖賢。不違不怨・只是到底敬父母。

子曰。父母在・不遠遊。遊・必有方。

方・法也。爲法故遊・不爲餘事也。不遠遊句・單約父母在說。遊必有方・則通於存沒矣。

補註　所事非主。所學非師。所交非友。所行非義。皆非方也。遊必有方所以慰親心也。

子曰。三年無改於父之道・可謂孝矣。

子曰。父母之年・不可不知也。一則以喜・一則以懼。

喜懼處正是知處。不喜不懼・便是不知。

補註　知父母恩深。生死事大。親愛別離。無能免者。安得不懼。大慈菩薩偈云。骨肉恩情相愛。難期白首團圓。幾多強壯亡身。更有嬰孩命盡。勸念阿彌陀佛。七寶池中化生。聚會永無別離。萬劫長生快樂。

子曰。古者言之不出。恥躬之不逮也。

爲之難、言之得無訒乎。

子曰。以約、失之者鮮矣。

觀心爲要。

子曰。君子欲訥於言、而敏於行。

訥言敏行、只是一事。觀欲字而字、便知。

子曰。德不孤、必有鄰。

千里比肩、百世接踵。　卓吾云。有一善端、衆善畢至。方外史曰。此約觀心釋也。

子游曰。事君數、斯辱矣。朋友數、斯疏矣。

辱、則不能事其君。疏、則不能交其友。不數、正是納忠盡誼之法、非爲求榮求親而已。

亦非當去當止之謂。

公冶長第五

子謂公冶長、可妻也。雖在縲絏之中、非其罪也。以其子妻之。子謂南容、邦有道、不廢。邦無道、免於刑戮。以其兄之子妻之。

曰非其罪。曰免於刑戮。只論立身、不論遇境。今人還知此意否。

子謂子賤、君子哉若人。魯無君子者、斯焉取斯。

卓吾云。把子賤來做一尊賢取友的榜樣。非特贊子賤已也。

補註　爲政在得人。自用則小。子賤尊賢取友。故鳴琴而治。誠君國子民者之榜樣也。魯無君子者。謂在上位而不能尊賢取友。則皆竊位之小人也。斯焉取斯者。嘆魯不能用子賤相　一國。而使之沈淪于下邑也。魯之君臣。知孔子聖人而不能用。豈得謂有君子乎。

子貢問曰。賜也、何如。子曰。女器也。曰。何器也。曰。瑚璉也。

卓吾批問處云。也自負。方外史曰。只因子貢自負、所以但成一器。不能到君子不器地位。

或曰。雍也、仁而不佞。子曰。焉用佞。禦人以口給、屢憎於人。不知其仁、焉用佞。

不知其仁、謂佞者本具仁理、而全不自知。可見佞之爲害甚也。

補註　晉中行穆伯攻鼓。經年而不能下。餽間倫曰。鼓之嗇夫。間倫知之。請無疲士大夫而鼓可得穆伯不應左右曰不折一戟不傷一卒而鼓可得君奚爲不取穆伯曰問倫之爲人也佞而不仁若問倫下之吾不可以不賞賞之是賞佞人也佞人得志是使晉國之士捨仁而爲佞雖得鼓將何用之不仁可以亡國何有于鼓故孔子曰惡紫之奪朱也惡鄭聲之亂雅樂也惡利口之覆邦家者焉用佞乎

子使漆雕開仕對曰吾斯之未能信子說

唯其信有斯事所以愈覺未能信也今之硬作主宰錯下承當者皆未具信根故耳寡過未能聖仁豈敢既不生退屈亦不增上慢其深知六卽者乎

子曰道不行乘桴浮於海從我者其由與子路聞之喜子曰由也好勇過我無所取材

正爲點醒子路而發非是歎道不行

孟武伯問子路仁乎子曰不知也又問子曰由也千乘之國可使治其賦也不知其仁也求也何如子曰求也千室之邑百乘之家可使爲之宰也不知其仁也赤也何如子曰赤也束帶立於朝可使與賓客言也不知其仁也

此與下論言志章參看便見夫子深知三人處

補註　子貢問曰。賜也何如。子曰。女器也。曰何器也。曰瑚璉也。子貢與子路冉求公西華三子皆瑚璉也。非不器之君子。器者能有所偏量有所限。無偏無限。斯仁矣。

子謂子貢曰。女與回也孰愈。對曰。賜也何敢望回。回也聞一以知十。賜也聞一以知二。子曰。弗如也。吾與女弗如也。

子貢之億則屢中是病。顏子之不違如愚是藥。故以藥病對拈。非以勝負相形也。子貢一向落在聞見知解窠臼。卻謂顏子聞一知十。雖極贊顏子。不知反是謗顏子矣。故夫子直以弗如二字貶之。蓋凡知見愈多。則其去道愈遠。幸而子貢只是知二。若使知三知四。乃至知十。則更不可救藥。故彼自謂弗如之處。正是可與之處。如此點示。大有禪門殺活全機。惜當機之未悟。恨後儒之謬解也。

補註　二者數之對。告往而知來。見生而知滅。對待知見也。十者數之成。知一即一切。一切即一。即往來即無往來。即無往來即一切往來。即生滅即無生滅。即無生滅即一切生滅。不二法門也。子貢于此。蓋已能信解。但行證不及顏淵耳。故孔子許其自知。

宰予晝寢。子曰。朽木不可雕也。糞土之牆。不可杇也。於予與何誅。子曰。始吾於人也。聽其言而信其行。今吾於人也。聽其言而觀其行。於予與改是。

責宰我處。可謂雪上加霜。卓吾云。乃牽聯春秋之筆。

子曰。吾未見剛者。或對曰。申棖。子曰。棖也慾。焉得剛。

只說棖是慾。不是剛。不可以剛與慾對辨。以對慾說剛。非眞剛故。

子貢曰。我不欲人之加諸我也。吾亦欲無加諸人。子曰。賜也。非爾所及也。

卓吾云。推他上路。

子貢曰。夫子之文章。可得而聞也。夫子之言性與天道。不可得而聞也。

言性言天。便成文章。因指見月。便悟性天。子貢此言。只得一半。若知文字相。卽解脫相。則聞卽無聞。若知不可說法。有因緣故。亦可得說。則無聞卽聞。

補註　除卻性道。安有文章。文章卽性道之顯者也。既云夫子之言性與天道。卽非不言。不可得而聞者。聞而未信。信而未解。解而未行。行而未證之差也。

子路有聞。未之能行。唯恐有聞。

卓吾云畫出子路方外史曰子路長處在此病處亦在此若知不許夜行投明須到之理便如顏子之從容請事矣

子貢問曰孔文子何以謂之文也子曰敏而好學不恥下問是以謂之文也

卓吾云於子貢身上亦甚有益蓋願息悅不若己是子貢病痛耳

子謂子產有君子之道四焉其行己也恭其事上也敬其養民也惠其使民也義

不遺纖善

子曰晏平仲善與人交久而敬之

卓吾云久而敬之四字的是交法

子曰臧文仲居蔡山節藻梲何如其知也

卓吾云夫子論知只是務民之義敬鬼神而遠之

補註　藏龜為卜智者不惑焉用卜為卜靈在誠豈在龜乎

子張問曰令尹子文三仕為令尹無喜色三已之無慍色舊令尹之政必以告新令尹何如子曰忠矣曰仁矣乎曰未知焉得仁崔子弒齊君陳文子有馬十乘棄而違之至

於他邦則曰猶吾大夫崔子也違之之一邦則又曰猶吾大夫崔子也違之何如子曰清矣曰仁矣乎曰未知焉得仁

仁者必忠忠者未必仁仁者必清清者未必仁卓吾云仲尼認得仁字眞

補註　知讀如智智及之然後仁能守之故曰未知焉得仁必開圓解乃有圓因有圓因乃有圓果但忠一主潔一身謂之忠謂之清可矣未得爲仁

季文子三思而後行子聞之曰再斯可矣

卓吾云三疑也再決也要知三不是三遭再不是兩次

補註　此孔子教人觀心之法也思不得其道雖百思無益得其道則再思可矣再思者眞俗雙融空假雙照惟精惟一而允執厥中也

子曰寗武子邦有道則知邦無道則愚其知可及也其愚不可及也

子在陳曰歸與歸與吾黨之小子狂簡斐然成章不知所以裁之

木鐸之任菩薩之心

子曰伯夷叔齊不念舊惡怨是用希

周季侯曰。舊字、如飛影馳輪、倏焉過去之謂。方外史曰。如明鏡照物、姸媸皆現。而不
留陳影、此與不遷怒同一工夫

子曰。孰謂微生高直、或乞醯焉、乞諸其鄰而與之。

卓吾云、維直道也。非譏議微生高也

子曰。巧言令色足恭、左丘明恥之、丘亦恥之。匿怨而友其人。左丘明恥之、丘亦恥之。

讀此便知春秋宗旨、春秋只是扶三代之直道耳。

顏淵季路侍。子曰。盍各言爾志。子路曰。願車馬衣輕裘、與朋友共、敝之而無憾、顏淵曰。
願無伐善、無施勞。子路曰。願聞子之志。子曰。老者安之、朋友信之、少者懷之。

子路忘物、顏子忘善、聖人忘己。忘己故以安還老者、信還朋友、懷還少者。

子曰。已矣乎。吾未見能見其過而內自訟者也

千古同慨、蓋自訟正是聖賢心學眞血脈。

子曰。十室之邑、必有忠信如丘者焉。不如丘之好學也。

孔子之忠信與人同、只是好學與人異。好學二字、是孔子眞面目。故顏淵死、遂哭云

天喪予。

雍也第六

子曰。雍也。可使南面。

只是可臨民耳。豈可說他做得王帝。

仲弓問子桑伯子。子曰。可也。簡。仲弓曰。居敬而行簡。以臨其民。不亦可乎。居簡而行簡。無乃大簡乎。子曰。雍之言然。

只是論臨民之道。不是去批點子桑伯子。

補註　居敬。是空觀。是惟一。行簡。是假觀。是惟精空假雙照。精一雙持。是允執厥中。諸佛之心印。亦堯舜之心傳也。臨如日月之照臨。使民觀感而自化。故孔子然之。故曰雍也可使南面。

哀公問弟子。孰爲好學。孔子對曰。有顏回者好學。不遷怒。不貳過。不幸短命死矣。今也則亡。未聞好學者也。

無怒無過。本覺之體。不遷不貳。始覺之功。此方是眞正好學。曾子以下。的確不能通此血脈。孔子之道•的確不曾傳與他人。　有所斷•故名爲不遷不貳。若到無所斷時。則全合無怒無過之本體矣。孔子顏淵•皆居學地人那得知

補註　孔子稱顏淵好學。卽在不遷怒不貳過。顏淵死而歎曰•今也則亡。可知博極羣書。身兼衆藝。而不免于遷怒屢過者。不得謂之好學也。孔門正學。止是從心性入門。從修身致力。從過勿憚改起。行顏淵短命。是天下衆生之不幸•不專謂顏子也。

子華使於齊。冉子爲其母請粟。子曰與之釜。請益。曰與之庾。冉子與之粟五秉。子曰赤之適齊也•乘肥馬•衣輕裘。吾聞之也。君子周急•不斷富。原思爲之宰。與之粟九百•辭。子曰毋。以與爾鄰里鄉黨乎。

子謂仲弓曰。犂牛之子騂且角。雖欲勿用•山川其舍諸。

卓吾云。夫子論仲弓如此耳。

補註　古人祭祀用牲。備物而已。非必殺之也。故子貢欲去告朔之餼羊。鄭康成解曰。餼生牲也。孟子言齊桓公葵丘之會。束牲載書而不歃血。亦生牲也。若必殺而去其毛。則犂牛與騂且角者何擇。爲後人假祭神之名。充口腹之慾。其能免殺業之苦

報乎。血食之神。當墮地獄。況殺之者乎。故祭用蔬素芳潔之物。最爲合禮。

子曰。回也。其心三月不違仁。其餘則日月至焉而已矣。

顏淵心不違仁。孔子向何處知之。豈非法眼他心智耶。三月者。如佛家九旬辦道之期。其心。其餘皆指顏子而說。只因心不違仁。得法源本。則其餘枝葉日新月盛。德業並進矣。此方是溫故知新。

季康子問仲由可使從政也與。子曰。由也果。於從政乎何有。曰。賜也可使從政也與。曰。賜也達。於從政乎何有。曰。求也可使從政也與。曰。求也藝。於從政乎何有。

季氏使閔子騫爲費宰。閔子騫曰。善爲我辭焉。如有復我者。則吾必在汶上矣。

有志氣。有節操。羞殺仲由冉求。

伯牛有疾。子問之。自牖執其手。曰。亡之。命矣夫。斯人也而有斯疾也。斯人也而有斯疾也。

說一命字。便顯得是宿業。便知爲善無惡果。

子曰。賢哉回也。一簞食。一瓢飲。在陋巷。人不堪其憂。回也不改其樂。賢哉回也。

樂不在簞瓢陋巷亦不離簞瓢陋巷簞瓢陋巷就是他眞樂處惟仁者可久處約約處就是安處利處若云簞瓢陋巷非可樂則離境談心何啻萬里

補註　列子冲虛經言仲尼閒居子貢入侍而有憂色子貢不敢問出告顏回顏回援琴而歌孔子聞之果召回入問曰若奚獨樂回曰夫子奚獨憂孔子曰先言爾志曰吾昔聞之夫子曰樂天知命故不憂回所以樂也孔子愀然有閒曰有是言哉汝之意失矣此吾昔日之言爾請以今言爲正也汝徒知樂天知命之無憂未知樂天知命有憂之大也夫樂而知者非古人之所謂樂知也無樂無知是眞樂眞知故無所不樂無所不知無所不憂無所不爲顏回北面拜手曰回亦得之矣學者知無樂無憂之本性方知孔顏之憂樂

冉求曰非不說子之道力不足也子曰力不足者中道而廢今女畫

子謂子夏曰女爲君子儒無爲小人儒

從性天生文章便是君子儒從文章著脚便是小人儒卽下學而上達便是君子儒滯于下學便是小人儒若離下學而空談上達不是君子儒亦不是小人儒便是今

時狂學者。
子游爲武城宰。子曰。女得人焉爾乎。曰。有澹臺滅明者。行不由徑。非公事。未嘗至於偃之室也。
卓吾云。眞能得人
子曰。孟之反不伐。奔而殿。將入門。策其馬曰。非敢後也。馬不進也。
子曰。不有祝鮀之佞。而有宋朝之美。難乎免於今之世矣。
子曰。誰能出不由戶。何莫由斯道也。
道不可須臾離。信然信然。何故世人習而不察。日用不知。
子曰。質勝文則野。文勝質則史。文質彬彬。然後君子。
質如樹莖。文如花葉。還有一個樹根。由有樹根。故使莖枝花葉。皆是一團生機。彬彬者。生機煥彩也。
補註　尊德性而不道問學。謂之野。道問學而不尊德性。謂之史。君子尊德性而道問學。故文質彬彬也。

子曰。人之生也直。罔之生也幸而免。

卓吾云。不直的都是死人。

子曰。知之者不如好之者。好之者不如樂之者。

知個甚麽。好個甚麽。樂個甚麽。參。 卓吾云。不到樂的地步。那得知此。

子曰。中人以上。可以語上也。中人以下。不可以語上也。

不可語上。須以上作下說。爲實施權也。可以語上。方知語語皆上。開權顯實也。

樊遲問知。子曰。務民之義。敬鬼神而遠之。可謂知矣。問仁。曰。仁者先難而後獲。可謂仁矣。

曉得民義。便曉得鬼神道理。惟其曉得。所以能敬能遠。非以不可知而敬之遠之也。不能先難。便欲商及獲與不獲。知難非難。則請事斯語。欲罷不能。豈獲與不獲可動其心。

補註　世俗混稱佛菩薩爲鬼神。此大誤也。佛菩薩是出世大聖。鬼神是生死凡夫。相距天淵。然皆是過去六親。未來諸佛。故當敬修福而瞋恚墮神趣。慳貪而不施墮鬼趣。故當憐憫而遠之也。仁者須發大心。遍十方。盡未來。度脫衆生。而後成佛。故曰。先其難而後其獲。

子曰。知者樂水。仁者樂山。知者動。仁者靜。知者樂。仁者壽。

形容得妙。　智者仁者。不是指兩人說。樂者效法也。智法水。仁法山。法水故動。法山故靜。動故樂。靜故壽。山水同依於地。動靜同一心。機樂壽同一身受。智仁同一性眞。若未達不二而二。二而不二。則仁者見之謂之仁。智者見之謂之智矣。

子曰。齊一變。至於魯。魯一變。至於道。

總是要他至於道耳。吳因之曰。齊固要脫皮換骨。魯也要滌胃洗腸。

子曰。觚不觚。觚哉觚哉。

補註　因緣和合。假名爲觚。色卽是空。故曰不觚。空假雙照。不卽世諦。不離世諦。是爲中觀。故曰觚哉觚哉。空假中一心三觀。三世諸佛之心印。又堯舜惟精惟一。允執厥中之心傳也。心經。金剛經。一切大乘經。乃至禪家千七百則公案。皆可以此求之。金剛經云。如來說第一波羅密。卽非第一波羅密。是名第一波羅密。忍辱波羅密。如來說非忍辱波羅密。是名忍辱波羅密。卽假卽空卽中也。程子謂觚不觚。謂如君不君。臣不臣。范氏謂如人不仁。國不國。此但就世變感慨言之也。亦通

宰我問曰。仁者雖告之曰。井有仁焉。其從之也。子曰。何爲其然也。君子可逝也。不可陷也。可欺也。不可罔也。

此問大似禪機。蓋謂君子既依於仁。設使仁在井中。亦從而依之乎。夫子直以正理答之。不是口頭三昧可比。　陳旻昭曰。宰我此問。深得夫子之心。蓋在夫子。設使見人墜井。決能跳下井中。救出。但此非聖人不能。不可傳繼。故夫子直以可繼可傳之道答之。如大舜方可浚井。以聽父母之揜。彼有出路故也。若尋常孝子。小杖則受。大杖則走矣。

子曰。君子博學於文。約之以禮。亦可以弗畔矣夫。

學於文。乃就聞以開覺路。不同貧數他寶。約以禮。乃依解而起思修。所謂克己復禮。不同無聞暗證。所以弗畔。畔者。邊畔。以文字阿師。偏於教相之一邊。暗證禪和。偏於內觀之一邊。不免罔殆之失也。

子見南子。子路不說。夫子矢之曰。予所否者。天厭之。天厭之。

卓吾云。子路不說。全從夫子拒彌子來。意謂旣曰有命矣。緣何又見南子。

補註　此可與互鄉難與言章合看。佛言一切衆生皆有佛性。故佛菩薩不捨罪惡衆生。孔子不拒南子與互鄉童子也。

子曰。中庸之爲德也。其至矣乎。民鮮久矣。

子貢曰。如有博施於民而能濟衆。何如。可謂仁乎。子曰。何事於仁。必也聖乎。堯舜其猶病諸。夫仁者。己欲立而立人。己欲達而達人。能近取譬。可謂仁之方也已。

補註　列子冲虛經言。商太宰見孔子曰。丘聖者歟。孔子曰。聖則丘何敢。然則丘博學多識者也。商太宰曰。三王聖者歟。孔子曰。三王善任智勇者。聖則丘弗知。曰。五帝聖者歟。孔子曰。五帝善任仁義者。聖則丘弗知。曰。三皇聖者歟。孔子曰。三皇善任因時者。聖則丘弗知。商太宰大駭曰。然則孰者爲聖。孔子動容有間曰。西方之人有聖者焉。不治而不亂。不言而自信。不化而自行。蕩蕩乎民無能名焉。孔子所謂西方聖人者。卽周昭王甲寅歲降生天竺之釋迦牟尼佛也。

博施濟衆果地化他之德欲立欲達因中二利之始子貢求之於果不知明其眞因己欲立而立人己欲達而達人不是以己及人正是自他不二只向一念觀心處下手也立卽不思議止達卽不思議觀佛法太高衆生法太廣觀心則易故云能近取譬是仁之方方法也立人達人正是博施濟衆處堯舜猶病正是欲立欲達處仁通因果聖惟極果堯舜尚在因位惟佛方名果位耳

補註　欲立立人欲達達人之最優方便無過于淨土念佛法門了脫輪廻是眞能立一生補佛是眞能達是以諸佛讚歎衆聖求生諸天信受列祖奉行閑忙無礙愚智皆能博施濟衆捨此末由已

述而第七

子曰述而不作信而好古竊比於我老彭

述而不作只因信得理無可作既信得及自然好古此夫子眞道脈眞學問也卓吾云都是實話何云謙詞

補註　十方三世佛所說無異法諸佛與聖人皆述而不作何況于凡夫愚人不知

此紛紛而妄作厭故而喜新不知妄語罪死墮拔舌獄可不戒哉

子曰默而識之學而不厭誨人不倦何有於我哉

學不厭誨不倦孔子亦曾承當之矣只一默而識之眞實難到宜其直心直口說出

補註　此即孔子之无我有我相則有人相衆生相壽者相則必不能默而識之學而不厭誨人不倦矣

子曰德之不修學之不講聞義不能徙不善不能改是吾憂也

眞實可憂世人都不知憂所以毫無眞樂惟聖人念念憂方得時時樂

補註　唐白居易問鳥窠禪師如何是佛法曰諸惡莫作衆善奉行曰如此三歲兒童也道得曰三歲兒童道得八十老翁行不得孔子且曰是吾憂也況吾儕乎

子之燕居申申如也夭夭如也

子曰甚矣吾衰也久矣吾不復夢見周公

卓吾云壯哉方外史曰人老心不老

子曰志於道據於德依於仁游於藝

卓吾云。學問階級。方外史曰。雖有階級。不是漸次。可謂六而常即。

補註　六而常即者。謂衆生即佛。而漸次分之。則有六種階級。一理即。二名字即。三觀行即。四相似即。五分證即。六究竟即。道德仁藝。只是仁耳。行之謂之道。得之謂之德。守之謂之仁。取之左右逢源。著于事物。謂之藝。

子曰。自行束修以上。吾未嘗無誨焉。

補註　禮聞來學。不聞往教。易曰。童蒙求我。匪我求童蒙。故必其能自行束身修禮。而後可施教誨也。

子曰。不憤不啓。不悱不發。舉一隅。不以三隅反。則不復也。

卓吾云。讀此二章。乃見誨人不倦。

補註　啓之發之。復之。是教誨。不啓不發不復。亦是教誨。故孟子曰。教亦多術矣。予不屑之教誨也者。是亦教誨之而已矣。

子食於有喪者之側。未嘗飽也。子於是日哭。則不歌。

子謂顏淵曰。用之則行。舍之則藏。惟我與爾有是夫。子路曰。子行三軍。則誰與。子曰。暴虎馮河，死而無悔者，吾不與也。必也臨事而懼，好謀而成者也。
臨事而懼，從戒愼恐懼心法中來。好謀而成，從好問好察用中於民而來。不但可與
行軍，卽便可與用行舍藏。否則白刃可蹈，中庸不可能矣。　卓吾云。三與字當一般
看。若作仲尼牽連自家說，恐聖人無此等氣象。

子曰。富而可求也，雖執鞭之士，吾亦爲之。如不可求，從吾所好。
說得求富者敗與。　卓吾云。今之求富貴者，俱是執鞭之士。方外史曰。執鞭求富，還
是好的。今之求富貴者，決非執鞭之士所屑。

子之所愼。齋。戰。疾。
補註　齋是禍福關。戰是存亡關。疾是生死關。聖人所爲愼者。願衆生修福而免禍。
弭戰而捐疾也。三愼齋爲首者。齋必斷肉。斷肉則斷戰疾之因。佛言世上欲免刀兵
劫。除非衆生不食肉。欲得長壽。當勤戒殺。食肉衆生。死墮惡道。若生人中。多病短命。
殺生食肉。戰殺疾病之所由來也。可不愼與。願雲禪師偈云。千百年來碗裏羹。冤深
如海恨難平。欲知世上刀兵劫。但聽屠門夜半聲。陽復齋勸提倡素食詩云。好生當

得壽而康。殺命難期自命長。我已多年飽芳潔。病魔不入穀蔬腸。（予自持六齋十齋觀音齋而病漸少今長素五年乃全無病）又云拳罵相侵報不忘。兇于食肉剖心腸。何如與物同安樂。白飯青蔬大吉祥。（名醫喻嘉言云白飯青蔬養生妙法）

子在齊聞韶。三月不知肉味。曰。不圖爲樂之至於斯也。

讚得韶樂。津津有味。

冉有曰。夫子爲衛君乎。子貢曰。諾。吾將問之。入曰。伯夷叔齊何人也。曰。古之賢人也。曰。怨乎。曰。求仁而得仁。又何怨。出曰。夫子不爲也。

非說二人以失國爲悔也。只是二人既去。設無中子可立。則廢宗絕嗣。能不動心否乎。既曰求仁得仁。則世間宗嗣。又其最小者矣。何足介意。

補註　得仁。謂得其本然之性德。性德豎窮橫遍。一切具足。而亦一切非有。何有于得。何有于失。何有于生死。而又何怨乎。子貢聞之。而知夫子不爲衛君計較于得失生死之間也。求仁卽是敦行孝弟。論夷齊而自知衛君應盡之分。善哉子貢之妙問。而夫子之妙答也。

子曰。飯疏食飲水、曲肱而枕之、樂亦在其中矣。不義而富且貴、於我如浮雲。

樂在其中。則心境一如。當與贊顏子處參看。不義富貴。但如浮雲。則似太虛不染。非巢許之所能達。

子曰。加我數年、五十以學易、可以無大過矣。

學易方無大過。易其可不學乎。今有窮年讀易。而過終不寡者。其可稱學易乎。

補註　說文引秘書說曰。日月爲易。象陰陽也。日月光明遍照。喻性量之豎窮橫遍。陰陽即性體之寂而常照。照而常寂。故易學之圓滿究竟。無過于佛。儒有學易而不免于謗佛之大過者。非眞知易者也。學易可以無大過。學佛可以成無上道。五十者。河圖洛書之中數。而五爲陽。十爲陰。一陰一陽之謂道。易所以教中道也。空假雙照。精一並觀。故無大過。史記引孔子之言。假我數年。若是我于易則彬彬矣。彬彬者。文質無偏。質即惟一。即空觀。文即惟精。即假觀也。孔子老而嗜易。韋編三絕。故知五十非年也。

子所雅言。詩、書、執禮、皆雅言也。

果然不俗。今人不知詩書禮·所以開口便俗。

葉公問孔子於子路。子路不對。子曰。女奚不曰其爲人也·發憤忘食·樂以忘憂·不知老之將至·云爾。

者才是爲人的。今只偷得一人生耳·何嘗肯爲人哉。既是不肯爲人·所以一失人身萬劫難也。　王陽明曰。發憤忘食·是聖人之志·如此眞無有已時。樂以忘憂·是聖人之道·如此眞無有戚時。恐不必云得不得也。

子曰·我非生而知之者·好古敏以求之者也。

卓吾云。都是實話。方外史曰。不但釋迦尚示六年苦行·雖彌勒即日出家·即日成道。亦是三大阿僧祇劫修來的。

子不語怪·力·亂·神。

今人撥無怪·無神·亦可撥無力·無亂否。

子曰。三人行·必有我師焉。擇其善者而從之·其不善者而改之。

師心之人·那知此益·

子曰。天生德於予・桓魋其如予何。

卓吾云。卻又微服而過宋・妙妙。方外史曰。王莽學之・便是東施。

子曰。二三子以我爲隱乎・吾無隱乎爾。吾無行而不與二三子者・是丘也。

卓吾云。和盤托出。方外史曰。正惟和盤托出・二三子益不能知。如目連欲窮佛聲・應持欲見佛頂。何處用耳・何處著眼。

補註　讀華嚴經文殊菩薩淨行品。便知此義。菩薩于在家出家。行住坐臥。作止語默。乃至著衣飯食盥洗便利。一切時間。念念不離衆生。願其消除障礙。成就菩提。故孔子曰吾無行而不與二三子者。今有大師與我同行同住同坐同臥同視同聽同言同動無行不與。乃至永劫相隨。而視之不見。聽之不聞。覓之不可得。是何也。心耶佛耶。一耶。二耶。不可謂一。不可謂二也。

子以四教。文・行・忠・信。

子曰。聖人吾不得而見之矣。得見君子者・斯可矣。善人吾不得而見之矣。得見有恒者・斯可矣。亡而爲有・虛而爲盈・約而爲泰・難乎有恒矣。

聖人只是證得本亡本虛本約之理。有恒須是信得本亡本虛本約之理。就從此處下手。便可造到聖人地位。所謂以不生不滅爲本修因。然後圓成果地修證也。亡是眞諦。虛是俗諦。約是中諦。依此而修。爲三止三觀。證此妙理。成三德三身。

子釣而不綱。弋不射宿。

現同惡業。曲示善機。可與六祖吃肉邊菜同參。

補註　釣弋惡行。殺命傷仁。豈聖人所以教後世者。不憤不啓。不悱不發。弋不射宿也。舉一隅不以三隅反。則不復也。釣而不綱也。列子冲虛經云。齊田氏祖於庭。食客千人。中坐有獻魚雁者。田氏視之。乃歎曰。天之於民厚矣。殖五穀。生魚鳥。以爲之用。衆客和之如響。鮑氏之子。年十二。預於次。進曰。不如君言。天地萬物。與我並生類也。類無貴賤。徒以小大智力而相制。迭相食。非相爲而生之。人取可食者而食之。豈天本爲人生之。且蚊蚋噆膚。虎狼食肉。非天本爲蚊蚋生人。虎狼生肉者哉。孔子聖人。曾謂不如鮑氏之子乎。故知釣而不綱。弋不射宿者。喩言也。

子曰。蓋有不知而作之者。我無是也。多聞。擇其善者而從之。多見而識之。知之次也。

知便不作作便不知卓吾云甘心爲次所以爲上方外史曰今之高談向上恥居學地者愧死愧死

互鄉難與言童子見門人惑子曰人潔己以進與其潔也不保其往也與其進也不與其退也唯何甚

卓吾云天地父母之心

子曰仁遠乎哉我欲仁斯仁至矣

欲二卽仁仁體卽是本來至極之體猶所云念佛心卽是佛也

補註　仁之量豎窮橫遍可謂遠矣然不出我現前介爾一念之心則遠近一如也幽溪大師淨土生無生論偈曰法界圓融體作我一念心故我念佛心全體是法界自私自利者皆自暴自棄者也是故如來于明星出時初成正覺歎曰奇哉一切衆生皆有如來智慧德性但以顚倒妄想不自證得若離妄想則無師智道種智自得現前明星日也衆生佛性蔽于妄想如日在雲雲開而日光徧照矣

陳司敗問昭公知禮乎孔子曰知禮孔子退揖巫馬期而進之曰吾聞君子不黨君子

亦黨乎。君取於吳爲同姓・謂之吳孟子。君而知禮。孰不知禮。巫馬期以告。子曰。丘也幸。苟有過・人必知之。

不似今人强辯飾非。

補註　善則稱君過則稱己。聖人從容中道之妙・於此可見一斑。司敗既問昭公知禮乎。故答曰知禮。及聞巫馬期之告。則曰。丘也幸。苟有過。人必知之。使昭公聞之。亦應懺悔。

子與人歌而善。必使反之・而後和之。

子曰。文・莫吾猶人也。躬行君子・則吾未之有得。

也是千眞萬眞之語。

子曰。若聖與仁・則吾豈敢。抑爲之不厭。誨人不倦。則可謂云爾已矣。公西華曰。正唯弟子不能學也。

更眞　卓吾云。公西華亦慧。

子疾病・子路請禱。子曰。有諸。子路對曰。有之。誄曰。禱爾于上下神祇。子曰。丘之禱・久矣。

可與談三種儀法

子曰奢則不孫儉則固與其不孫也寧固

此與對林放同意卓吾云救世苦心

子曰君子坦蕩蕩小人長戚戚

蕩蕩卽坦字之註腳所謂居易以俟命也卻是戒愼恐懼之體戚戚正是無忌憚處
思之思之

子溫而厲威而不猛恭而安

像讚

泰伯第八

子曰泰伯其可謂至德也已矣三以天下讓民無得而稱焉

三讓究竟讓也以天下讓以天下之故而行讓也此時文王已生紂亦初生泰伯預知文王之德必能善服事殷救紂之失故讓國與之令扶商之天下是故文王之至德人皆知之泰伯之至德又在文王之先而人罔克知也至於文王既沒紂終不悛

至使武王伐紂。則非泰伯之所料矣。
子曰恭而無禮則勞。愼而無禮則葸。勇而無禮則亂。直而無禮則絞。君子篤於親。則民興於仁。故舊不遺。則民不偸。
此二節正是敦厚以崇禮的註腳。
曾子有疾。召門弟子曰。啓予足。啓予手。詩云。戰戰兢兢。如臨深淵。如履薄冰。而今而後。吾知免夫。小子。
既明且哲。以保其身。推而極之。則佛臨涅槃時。披衣示金身。令大衆諦觀。亦是此意。但未可與著相愚人言也。
曾子有疾。孟敬子問之。曾子言曰。鳥之將死。其鳴也哀。人之將死。其言也善。君子所貴乎道者三。動容貌。斯遠暴慢矣。正顏色。斯近信矣。出辭氣。斯遠鄙倍矣。籩豆之事。則有司存。
三個斯字。皆是誠於中。形於外。不假勉强。
曾子曰。以能問於不能。以多問於寡。有若無。實若虛。犯而不校。昔者吾友。嘗從事於斯矣。

在顏子分中·直是無能·無多·本無·本虛·本不見有犯者·犯事·及受犯者。但就曾子說·他便云以能問於不能等耳·若見有能·便更無問於不能之事。乃至若見有犯·縱使·不報亦非不校矣。　卓吾云。不但想他人前日而已自家今日亦要下手矣。

曾子曰。可以託六尺之孤·可以寄百里之命。臨大節·而不可奪也。君子人與·君子人也。

有才有德·故是君子。末二句·是贊體·非設爲問答。

曾子曰。士·不可以不弘毅。任重而道遠。仁以爲己任·不亦重乎。死而後已·不亦遠乎。

弘毅二字甚妙·橫廣豎深·橫豎皆不思議。但死而後已四字·甚陋。孔子云。朝聞道·夕死可矣。便是死而不已。又云。未知生·焉知死。便是死生一致。故知曾子只是世間學·問不曾傳得孔子出世心法。孔子獨歎顏回好學·良不誣也。

補註　橫遍十方謂之弘。豎窮三際謂之毅。上求佛道。下化衆生。謂之重。死而不已謂之遠。

子曰。興於詩。立於禮。成於樂。

讀詩而不能與。讀禮而不能立。習樂而不能成。何用詩禮樂耶。

子曰。民可、使由之。不可使知之。

若但讀一乘、衆生沒在苦、故不可使知之。機緣若熟、方可開權顯實。不可一二字、正是觀機之妙。

子曰。好勇疾貧、亂也。人而不仁、疾之已甚、亂也。

補註　周安士先生曰。孔子成春秋而亂臣賊子懼。何懼乎。懼身後之惡名也。然此猶盛世之事也。若後世之亂、賊并不畏此虛名矣。豈惟亂賊、卽號爲識字者、亦毫不知有春秋矣。惟示以人命無常。死後受報。不忠不孝之人、化作畜生餓鬼。乃知用盡奸心詭計、付之一空。他生萬苦千愁、皆我自造。回思虎鬬龍爭、圖王創霸之謀、不覺冰消瓦解。嗟乎。自有佛法以來、不知令多少亂臣賊子寒心。多少巨慝豪強喪膽。使民日遷善而不知誰之爲者。余於如來之大教見之矣。

子曰。如有周公之才之美。使驕且吝、其餘不足觀也已。

卓吾云。無周公之才美而驕吝者、豈不愧死。

補註　佛弟子周利槃陀伽。于過去世。爲大法師。祕吝佛法。感愚鈍報。闕於記持。佛以苕帚二字。使之記持。于一百日中。得苕忘帚。得帚忘苕。佛愍其愚。教持一偈。成阿羅漢。辯才無盡。以驕吝故。得愚鈍報。故學者當發大心。學不厭而教不倦也。

子曰。三年學。不至於穀。不易得也。

子曰。篤信好學。守死善道。危邦不入。亂邦不居。天下有道則見。無道則隱。邦有道。貧且賤焉。恥也。邦無道。富且貴焉。恥也。

信得人人可爲聖賢。名篤信。立地要成聖賢。名好學。假使鐵輪頂上旋。定慧圓明終不失。名守死善道。危邦不入四句。正是守死善道。註腳。正從篤信好學得來。邦有道節。正是反顯其失。

子曰。不在其位。不謀其政。

約事。即是素位而行。不願乎外。約觀。即是隨境鍊心。不發不觀。

子曰。師摯之始。關雎之亂。洋洋乎盈耳哉。

子曰。狂而不直。侗而不愿。悾悾而不信。吾不知之矣。

大家要自己簡點勿墮此等坑塹

子曰學如不及猶恐失之

子曰巍巍乎舜禹之有天下也而不與焉

無天下者亦非巍巍巢許是也有天下者亦非巍巍尋常賢君是也有天下而不與方爲不可思議

子曰大哉堯之爲君也巍巍乎唯天爲大唯堯則之蕩蕩乎民無能名焉巍巍乎其有成功也煥乎其有文章

卓吾云末節正是則天實際處

補註　此二章便是堯舜禹惟精惟一允執厥中之證據亦即佛法空假中一心三觀之實現也有而不與民无能名空觀也有成功有文章假觀也菩薩發大悲願普度衆王皆從假觀出若偏於空觀則羅漢而已

舜有臣五人而天下治武王曰予有亂臣十人孔子曰才難不其然乎唐虞之際於斯爲盛有婦人焉九人而已三分天下有其二以服事殷周之德其可謂至德也已矣

歎才難而贊至德。正因德難。故才難耳。倘紂有聖德。則武王幷九人方將同爲紂之良臣。又何至以亂臣稱哉。亢龍有悔。武王之不幸也甚矣。

子曰。禹吾無閒然矣。菲飲食而致孝乎鬼神。惡衣服而致美乎黻冕。卑宮室而盡力乎溝洫。禹吾無閒然矣。

如此方無閒然。爲君者可弗思乎。

子罕第九

子罕言利。與命。與仁。

卓吾云。罕言利。可及也。罕言利與命與仁。不可及也。方外史曰。言命言仁。其害與言利同。所以罕言。今人將命與仁掛在齒頰。有損無益。

補註　孔子所言。皆利也。命也。仁也。仁卽心性。利命卽因果。除却心性因果。復何言乎。以學者機感之殊。則見有常言有罕言。子貢所謂夫子之言性與天道不可得而聞也。是不聞也。非不言也。

達巷黨人曰。大哉孔子。博學而無所成名。子聞之。謂門弟子曰。吾何執。執御乎。執射乎。

吾執御矣。

卓吾云。謂門弟子之言。不敢自安之語也。然黨人則孔子知己矣。

補註　射者目注一的。御則有六轡。如組兩驂如舞之妙用焉。則是執無所執也。無所執故能大。故博學而無所成名也。易傳時乘六龍以御天。龍者變化不測之象也。即此執御之注脚。

子曰。麻冕禮也。今也純。儉。吾從衆。拜下。禮也。今拜乎上。泰也。雖違衆。吾從下。

卓吾云。眞是時中之聖。

子絕四。毋意。毋必。毋固。毋我。

由誠意故毋意。毋意故毋必。毋必故毋固。毋固故毋我。細滅故粗必隨滅也。由達無我方能誠意。不於妄境生妄惑。意是惑。必固是業。我是苦。

子畏於匡。曰。文王既沒。文不在茲乎。天之將喪斯文也。後死者不得與於斯文也。天之未喪斯文也。匡人其如予何。

道脈流通。即是文。非謙詞也。如此自信。何嘗有畏。

大宰問於子貢曰。夫子聖者與・何其多能也。子貢曰。固天縱之。將聖又多能也。子聞之曰。大宰知我乎。吾少也賤・故多能鄙事。君子多乎哉・不多也。牢曰。子云・吾不試・故藝。

固天縱之爲一句。子貢謂夫子直是天縱之耳。豈可將聖人只是多能者耶。此必已聞一以貫之・故能如此答話。然在夫子・的確不敢承當聖人二字・故寧受多能二字。而多能甚鄙甚賤・決非君子之道也。大宰此問・與黨人見識・天地懸隔。

子曰。吾有知乎哉・無知也。有鄙夫問於我・空空如也。我叩其兩端而竭焉。

不但無人問時・體本無知。卽正當有人問時・仍自空空・仍無知也。所叩者・卽鄙夫之兩端。所竭者・亦卽鄙夫之兩端。究竟吾何知哉。旣叩其兩端而竭之。則鄙夫亦失其妄知・而歸於無知矣。

補註　空空如也。卽是鄙夫與佛平等之佛性。兩端卽鄙夫之虛妄分別知見也。竭則性相不二・自他不二。何有兩端。兩端卽空。一亦不立。

子曰。鳳鳥不至・河不出圖・吾已矣夫。

此老熱腸猶昔。

子見齊衰者。冕衣裳者。與瞽者。見之。雖少必作。過之必趨。

顏淵喟然歎曰。仰之彌高。鑽之彌堅。瞻之在前。忽焉在後。夫子循循然善誘人。博我以文。約我以禮。欲罷不能。既竭吾才。如有所立卓爾。雖欲從之。末由也已。

此與問仁章參看。便見顏子眞好學。又見顏子正在學地。未登無學。約我以禮。正從克己復禮處悟來。欲罷不能。正從請事斯語處起手。欲從末由。正是知此道非可仰鑽前後而求得者。兩個我字。正卽克己由己之己字。　王陽明曰。謂之有。則非有也。謂之無。則非無也。

補註　一切衆生。眞如本性。無量無邊。不生不滅。豎窮三際。橫遍十方。故仰之彌高。鑽之彌堅。瞻之在前。忽然在後。博我以文。知眞如之不變而隨緣。約我以禮。知眞如之隨緣而不變。未來無盡。我願無盡。故欲罷不能。全性起修。故曰既竭吾才。不可謂無。故如有所立卓爾。不可謂有。故雖欲從之。末由也已。夫子之道之妙。卽各各本具之眞心也。非顏子之善學。烏能知夫子之善誘乎。

子疾病。子路使門人爲臣。病閒曰。久矣哉。由之行詐也。無臣而爲有臣。吾誰欺。欺天乎。

且予與其死於臣之手也無寧死於二三子之手乎且予縱不得大葬予死於道路乎

子路一種流俗知見被夫子罵得如此刻毒今有禪門釋子開喪戴孝不知何面目見孔子不知何面目見六祖不知何面目見釋迦

子貢曰有美玉於斯韞匵而藏諸求善賈而沽諸子曰沽之哉沽之哉我待賈者也

沽同而待與求不同世人不說沽便說藏耶知此意

子欲居九夷或曰陋如之何子曰君子居之何陋之有

卓吾云先輩謂當問其居不居不當問其陋不陋最爲得之

補註　讀肇公般若無知論可知無知是本然性體不是孔子謙詞譬如明鏡中空故能隨緣現影空空如也卽是鄙夫與佛平等之佛性兩端卽鄙夫之虛妄分別知見也竭則性相不二自他不二何有兩端兩端既空一亦不立

子曰吾自衞反魯然後樂正雅頌各得其所

亦是木鐸之職應爾

子曰出則事公卿入則事父兄喪事不敢不勉不爲酒困何有於我哉

不要看得此四事容易。若看得容易、便非孔子。

補註　此四者。皆是孔子之无我。有我相則驕慢。不能出事公卿入事父兄。有我相。則有斷見。謂人死卽消滅。故喪事不能勉。有我相則累于形骸。不知觀心之妙。而以飲酒爲樂。故爲酒困。我見爲萬惡之原。其爲毒于天下。不可勝數。故孔子一再言之何有于我哉。

子在川上曰。逝者如斯夫、不舍晝夜。

此歎境也、卽歎觀也。蓋天地萬物、何一而非逝者。但愚人於此、計斷計常。今既謂之逝者、則便非常。又復如斯不舍晝夜、則便非斷。非斷非常、卽緣生正觀。引而申之。有逝逝有逝不逝、有不逝逝、有不逝不逝。非天下之至聖、孰能知之。

子曰、吾未見好德如好色者也。

惟顏子好學、亦惟顏子好德耳。

補註　德與色對。猶性與相對。凡夫著相而不悟性。故好戀色身。好喫美食。好著美衣。好居美室。皆是好色。不知義理悅心。禪悅爲食。法喜充滿。功德莊嚴之可貴也。顏

子在陋巷一簞食一瓢飲不改其樂方是好德禹之非飲食而致孝乎鬼神惡衣服而致美乎黻冕卑宮室而盡力乎溝洫方是好德

子曰譬如爲山未成一簣止吾止也譬如平地雖覆一簣進吾往也

子曰語之而不惰者其回也與

後一念而方領解卽是惰先一念而預相迎亦是惰如空谷受聲乾土受潤大海受雨明鏡受像隨語隨納不將不迎方是不惰

子謂顏淵曰惜乎吾見其進也未見其止也

進是下手止是歸宿正在學地未登無學奈何便死眞實可惜

子曰苗而不秀者有矣夫秀而不實者有矣夫

令人惕然深省

補註　苗是生信秀是開解起行實是證眞

子曰後生可畏焉知來者之不如今也四十五十而無聞焉斯亦不足畏也已

今日立志後來滿其所期所以可畏四十五十而不聞道不能酬今所立之志則越

老越不如後生矣大凡學道之人只是不負初心所期便爲大妙故不必勝今只須如今便可畏耳

子曰法語之言能無從乎改之爲貴巽與之言能無說乎繹之爲貴說而不繹從而不改吾末如之何也已矣

卓吾云與字最妙即以法語之言巽與之言耳捨法便無以正人後三語深望其改與繹也

子曰主忠信毋友不如己者過則勿憚改

子曰三軍可奪帥也匹夫不可奪志也

卓吾云三軍奪帥亦非易事借此以極其形容耳

子曰衣敝縕袍與衣狐貉者立而不恥者其由也與不忮不求何用不臧子路終身誦之子曰是道也何足以臧

詩之妙在一用字夫子說子路之病在一足字用則日進足則誤謂到家不知正是道途邊事耳

子曰。歲寒．然後知松柏之後彫也。

王安石詩云周公吐握勤勞日。王莽謙恭下士時．假使當年身便死．一生眞僞有誰知可與此節書作註腳。

子曰知者不惑．仁者不憂．勇者不懼。

卓吾曰使人自考。方外史曰三個者字只是一人。不是三個人也。

子曰可與共學未可與適道可與適道未可與立可與立未可與權。

連說三個未可正要他勉到可處。

唐棣之華偏其反而豈不爾思室是遠而子曰未之思也夫何遠之有。

此與思無邪一語參看便見與於詩的眞正學問亦可與佛門中念佛三昧作註腳。卓吾云人之所以異於禽獸全在思人之所以可爲聖賢全在思故力爲辯之不但爲一詩翻案而已。

鄉黨第十

孔子於鄉黨恂恂如也．似不能言者。其在宗廟朝廷。便便言．唯謹爾。朝與下大夫言．侃侃如也。與上大夫言・誾誾如也。君在。踧踖如也。與與如也。君召使儐。色勃如也。足躩如也。揖所與立。左右手・衣前後襜如也。趨進・翼如也。賓退。必復命曰・賓不顧矣。入公門鞠躬如也・如不容。立不中門・行不履閾。過位。色・勃如也。足・躩如也。其言似不足者。攝齊升堂。鞠躬如也。屏氣似不息者。出。降一等・逞顏色・怡怡如也。沒階・趨翼如也。復其位・踧踖如也。執圭。鞠躬如也・如不勝。上如揖・下如授。勃如戰色。足蹜蹜・如有循。享禮・有容色。私覿・愉愉如也。

　上階如揖・身微俯也。下階如授・身稍直也。

君子不以紺緅飾。紅紫・不以爲褻服。當暑袗絺綌・必表而出之。緇衣羔裘。素衣麑裘。黃衣狐裘。褻裘長・短右袂。必有寢衣・長一身有半。

　吳建先曰。寢衣・即被也。被長一身有半・則可。若別作衣・著之而寢。如此之長・如何起止。甚爲可笑。或曰。寢衣・只有半身長。如今人所作短衫也・亦通。

狐貉之厚・以居。去喪・無所不佩。非帷裳・必殺之。羔裘玄冠・不以弔。吉月・必朝服而朝。齊必有明衣・布。齊・必變食。居必遷坐。

補註　此即孔子齋戒之相。與佛所說齋戒相同。明衣謂新淨布衣。變食謂不飲酒。不食葷肉。遷坐謂不坐高廣牀座。

食不厭精、膾不厭細。

但云不厭耳、非刻意求精細也。

補註　厭足也。與饜同。不厭謂不多食。可知疏食菜羹。是孔子平日家風。鄉黨所載食肉諸文。或是君賜。或是享禮。或朋友之饋祭肉。然且色惡不食。臭惡不食。失飪不食。不時不食。割不正不食。沽酒市脯不食。則孔子固以疏食飲水為樂者也。殺生食肉。違佛禁戒。亦未得為孔子徒也。

食饐而餲、魚餒而肉敗、不食。色惡不食、臭惡不食、失飪不食、不時不食。割不正不食、不得其醬不食。

色惡即今所謂落色、如黑魚犬鼈之類。臭惡即葱韭蒜等。割不正、謂不當殺而殺、或非分、或非時也。不得其醬、恐致傷人。故皆不食。

肉雖多、不使勝食氣。惟酒無量、不及亂。

生得如此好酒量、尚以不爲酒困爲愧。可見禹惡旨酒、佛門戒酒、方是正理。濟顛、林
酒仙之屬、一時權變、不可爲典要也。

沽酒市脯不食。

只是不坐在酒店飯店中飲食耳。難道他人請孔子、定要自做酒、自殺牲

不撤薑食。不多食。祭於公、不宿肉。祭肉不出三日。出三日不食之矣。食不語。寢不言。雖

疏食菜羹瓜祭、必齊如也。

補註　言雖疏食菜羹瓜菓之類。必先祭而後食。祭必齋如也。所謂一粥一飯。當思
來處不易。故修行人。于早中二時。當先供三寶祖先。而後自食。

席不正不坐。

不正、謂不依長幼尊卑之敘。

鄉人飲酒。杖者出、斯出矣。鄉人儺。朝服而立於阼階。

亦是愛禮極思。

問人於他邦、再拜而送之。康子饋藥、拜而受之。曰。丘未達、不敢嘗。廄焚。子退朝。曰。傷人

乎，不問馬。君賜食，必正席先嘗之。君賜腥，必熟而薦之。君賜生，必畜之。

補註　君賜生必畜之。此卽孔子之護生戒殺

侍食於君，君祭先飯。疾君視之，東首加朝服拖紳。君命召，不俟駕行矣。入太廟，每事問。

朋友死，無所歸，曰於我殯。朋友之饋，雖車馬，非祭肉，不拜。

寢不尸。居不容

吉祥而臥，故不尸。

補註　右脅著席而臥。謂之吉祥。臨終吉祥而逝。生淨土之瑞相也。平時習慣如此，亦令氣脈流通

見齊衰者，雖狎必變。見冕者與瞽者，雖褻必以貌。凶服者式之。式負版者。有盛饌，必變色而作。迅雷風烈必變。升車，必正立執綏。車中不內顧，不疾言，不親指。色斯舉矣，翔而後集。曰山梁雌雉，時哉時哉。子路共之，三嗅而作。

也是實事也是表法。只一時哉時哉四字，便將鄉黨一篇血脈收盡。而實從時習中來。故得時措之宜，名爲時中之聖也。三嗚而作，正色斯舉矣之證。正舉集皆時之驗

雉者・文明之物。雌者・述而不作之象。山梁者・既非廟堂・亦非窮谷。乃不行於天下・而行於後世之象。按家語孔子嘗・自筮而得賁卦・愀然有不平之狀。謂丹漆不文・白玉不琱。質有餘・則不受飾。今賁非吾兆・以其飾也。蓋孔子是時・易學未精耳。後於雜卦傳云。賁无色也。則得之矣。離爲雉・艮爲山。故云山梁雌雉・時哉時哉。

補註　色斯舉矣。翔而後集。而其本性不動也。不動而隨緣。故曰時哉時哉。賁之有色・相也。其無色・性也。賁無色也。猶心經言色卽是空。不待色滅方爲空也。以色是因緣和合。虛妄幻現。故謂之空。

論語點睛補註上

論語點睛補註下

古吳蕅益道人智旭述
陽復子江謙補註

先進第十一

子曰先進於禮樂野人也後進於禮樂君子也如用之則吾從先進

先進的確有野人氣象後進的確是君子氣象但君子的確不如野人故評論須如此用之須如彼

補註　禮與其奢也甯儉樂與其蕩也激也甯和而平禮樂唯心所生亦即正心之具也心正而身修家齊國治天下平矣今禮儉樂和無如佛制昔宋程子觀于叢林僧制曰三代威儀在是矣誠篤論也如能用之天下則世界文明有日矣（儉樸和平之禮樂野人與能焉孔子從先進欲禮樂之普及于野人也）

子曰從我於陳蔡者皆不及門也德行顏淵閔子騫冉伯牛仲弓言語宰我子貢政事冉有季路文學子游子夏

陳旻昭曰。夫子尋常不喜言語、故或云文莫吾猶人也、或云焉用佞、或云予欲無言。乃教人何以仍立言語一科耶。蓋空言則非聖人所取、而有益之言、可裨於世道、可發明至理者、則又不可廢也。聖門第一能言、莫若宰我、於井有仁章、及三年喪章見之。第二能言、莫若子貢、於足食足兵章見之、皆有關於世道人心之甚者也

補註　德行以修己。政事以安人。言語以爲法于天下。文學以流傳于後世。聖門具此四科、而木鐸之全體大用全矣。四者兼之則孔子也。四科皆德行所攝。故顏淵稱具體而微。

子曰。回也非助我者也。於吾言、無所不說。

人問王陽明曰。聖人果以相助望門弟子否。陽明曰。亦是實話。此道本無窮盡。問難愈多、則精微愈顯。聖人之言。本是周徧、但有問難的人。胸中窒礙。聖人被他一難、發揮得愈加精神。若顏子胸中了然、如何得問難。故聖人亦寂然不動。無所發揮

子曰。孝哉閔子騫。人不間於其父母昆弟之言。

從他格親苦心處表出。

南容三復白圭。孔子以其兄之子妻之。

季康子問弟子孰爲好學。孔子對曰。有顏回者好學。不幸短命死矣。今也則亡。

說了又說。深顯曾子子思不能傳得出世道脉

顏淵死。顏路請子之車以爲之椁。子曰。才不才亦各言其子也。鯉也死。有棺而無椁。吾不徒行以爲之椁。以吾從大夫之後。不可徒行也。

顏路只是一個流俗知見。如何做得回的父親。

顏淵死。子曰。噫。天喪予。天喪予。

補註　此當與子畏于匡顏淵後章合看。可見聖賢相與之心。如空合空。融洽無間。

顏淵死。子哭之慟。從者曰。子慟矣。曰。有慟乎。非夫人之爲慟而誰爲

朝聞夕死。夫復何憾。只是借此以顯道脉失傳。杜後儒之冒認源流耳。若作孔子眞如此哭。則獃矣。

顏淵死。門人欲厚葬之。子曰。不可。門人厚葬之。子曰。回也。視予猶父也。予不得視猶子也。非我也。夫二三子也。

卓吾云。不是推干係。方外史曰。孔子待回。厚到底。後之欲厚其子弟者。思之。

季路問事鬼神。子曰。未能事人。焉能事鬼。敢問死。子曰。未知生。焉知死。

季路看得死生是兩橛。所以認定人鬼亦是兩事。孔子了知十法界不出一心。生死那有二致。正是深答子路處。程子之言頗得之。

補註　知本性無生無死。然後知生知死。知本性非人非鬼。然後能事人事鬼。一切衆生皆有佛性。一切人鬼皆當願其成佛。此事人事鬼之大道也。

閔子侍側。誾誾如也。子路。行行如也。冉有子貢。侃侃如也。子樂。若由也。不得其死然。

魯人爲長府。閔子騫曰。仍舊貫如之何。何必改作。子曰。夫人不言。言必有中。

卓吾云。勸魯人也。非讚閔子也。

子曰。由之瑟奚爲於丘之門。門人不敬子路。子曰。由也升堂矣。未入於室也。

收之則升堂。揀之則門外。可參。

子貢問。師與商也孰賢。子曰。師也過。商也不及。曰。然則師愈與。子曰。過猶不及。

卓吾云。然則師愈。子貢卻是自己供狀。過猶不及。夫子亦下子貢鉗鎚。

季氏富於周公而求也爲之聚斂而附益之子曰非吾徒也小子鳴鼓而攻之可也

卓吾云攻求正所以攻季氏

柴也愚參也魯師也辟由也喭

卓吾云識得病便是藥

子曰回也其庶乎屢空賜不受命而貨殖焉億則屢中

凡夫受命所縛賢人能不受命惟聖人眞學問則知命而不必轉命是故有志爲聖人者只須俟命今直以屢空二字傳顏子之神作子貢之藥子貢一生吃了億則屢中之虧便不受命而貨不覺其自殖矣

子張問善人之道子曰不踐迹亦不入於室

此須四句料揀一踐迹而入室君子也二不踐迹而入室聖人也三不踐迹而不入室善人也四踐迹不入室有恒也

子曰論篤是與君子者乎色莊者乎

不但教人勘他亦是要人自勘

子路問聞斯行諸。子曰。有父兄在。如之何其聞斯行之。冉有問聞斯行諸。子曰。聞斯行之。公西華曰。由也問聞斯行諸。子曰。有父兄在。求也問聞斯行諸。子曰。聞斯行之。赤也惑。敢問。子曰。求也退。故進之。由也兼人。故退之。

卓吾云。赤原不問由求。還問赤耳。方外史曰。答由求。卽是答赤。

子畏於匡。顏淵後。子曰。吾以女爲死矣。曰。子在。回何敢死。

卓吾云。吾以汝爲死。驚喜之辭。子在回何敢死。誰人說得出。方外史曰。悟此方知聖人不必慟哭。又知聖人必須慟哭。

季子然問。仲由冉求。可謂大臣與。子曰。吾以子爲異之問。曾由與求之問。所謂大臣者。以道事君。不可則止。今由與求也。可謂具臣矣。曰。然則從之者與。子曰。弒父與君。亦不從也。

字字鈇鉞。足使子然喪魄。

子路使子羔爲費宰。子曰。賊夫人之子。子路曰。有民人焉。有社稷焉。何必讀書。然後爲學。子曰。是故惡夫佞者。

夫子元不責子羔不讀書子路那得知之

補註　惡夫佞者謂惡夫讀書而不能教民人安社稷者也能言而不能行故謂之佞此章當與左傳鄭子皮欲使尹何爲邑章合讀

子路曾晳冉有公西華侍坐子曰以吾一日長乎爾毋吾以也居則曰不吾知也如或知爾則何以哉

聖賢心事雖隱居求志而未嘗置天下於度外雖遑遑汲汲而未嘗橫經濟於胸中識得此意方知禹稷顏子易地皆然奈四子各見一邊終不能知孔子行處故因此侍坐巧用鉗錘以曾點之病爲三子之藥又以三子之病爲曾點之藥也

子路率爾而對曰千乘之國攝乎大國之間加之以師旅因之以饑饉由也爲之比及三年可使有勇且知方也夫子哂之

子路說的句句不虛又且高興熱鬧所以夫子爲之撫掌大笑袁了凡曰禮云笑不至矧矧與哂同露齦大笑也居喪則笑不至矧今言志時聞此暢談何妨大笑若註云微笑則成尖酸氣象矣

求爾何如對曰方六七十如五六十求也爲之比及三年可使足民如以禮樂以俟君子赤爾何如對曰非曰能之願學焉宗廟之事如會同端章甫願爲小相焉點爾何如鼓瑟希鏗爾舍瑟而作對曰異乎三子者之撰子曰何傷乎亦各言其志也曰莫春者春服既成冠者五六人童子六七人浴乎沂風乎舞雩詠而歸夫子喟然嘆曰吾與點也

鏗爾者舍瑟之聲此非與點乃借點以化三子之執情耳

補註　先言鼓瑟次言希次言鏗爾次言舍瑟而後言作寫出曾點從容不迫氣象希是瑟聲漸淡鏗爾是絃外餘音舍瑟是安置得所作是答問之禮春是生機盎然冠者童子是作聖之基浴乎沂風乎舞雩詠而歸內外清淨是養正之道政化及于一時教澤流于萬世政教不可偏廢故孔子嘆曰吾與點而亦兼贊由求赤之能爲邦也

三子者出曾皙後曾皙曰夫三子者之言何如子曰亦各言其志也已矣曰夫子何哂由也曰爲國以禮其言不讓是故哂之唯求則非邦也與安見方六七十如五六十而

非邦也者。唯赤・則非邦也與。宗廟會同・非諸侯而何・赤也爲之小・孰能爲之大。不哂其爲國之事・特哂其不讓之言耳・既說爲國・又說非邦也與・正是與三子以補點之虛證・一直皆夫子之言・不是一問一答也

顏淵第十二

顏淵問仁。僧問和尚如何是佛。子曰。克己復禮爲仁。一日克己復禮・天下歸仁焉。爲仁由己・而由人乎哉。和尚答曰。只你便是。顏淵曰。請問其目。僧又問曰。如何保任。子曰。非禮勿視・非禮勿聽・非禮勿言・非禮勿動・和尚答曰。一翳在目。空華亂墜。顏淵曰。回雖不敏・請事斯語矣。僧禮拜。

克・能也・能自己復禮・即名爲仁・一見仁體・則天下當下消歸仁體・別無仁外之天下可得・猶云十方虛空・悉皆消殞・盡大地是個自己也・故曰由己・由己正即克己・己字不作兩解・夫子此語・分明將仁體和盤托出・單被上根・所以顏子頓開妙悟・只求一個入華屋之方便・故云請問其目・目者眼目・譬如畫龍須點睛耳・所以夫子直示下手工夫・正所謂流轉生死・安樂涅槃・惟汝六根・更非他物・視聽言動・即六根之用・即是自己之事・非教汝不視不聽不言不動・只要揀去非禮・便即是禮・禮復則仁體全

矣。古云。但有去翳法、別無與明法。經云。知見立知、即無明本。知見無見、斯即涅槃。立知、即是非禮。今勿視勿聽勿言勿動、即是知見無見也。此事人人本具、的確不由別人。只貴直下承當、有何利鈍可論。故曰回雖不敏、請事斯語。從此三月不違、進而未止。方名好學。豈曾子子思所能及哉。

仲弓問仁。子曰。出門如見大賓、使民如承大祭。己所不欲、勿施於人。在邦無怨。在家無怨。仲弓曰。雍雖不敏、請事斯語矣。

出門四句、即是非禮勿視聽言動之意。邦家無怨、即是天下歸仁之意。但爲中根人說。便說得淺近些。使其可以承當

卓吾云。出門二句、即居敬也。己所二句、即行簡也。在邦二句、即以臨其民、不亦可乎也。

王陽明曰。亦只是自家無怨。如不怨天不尤人之意。

司馬牛問仁。子曰。仁者、其言也訒。曰。其言也訒、斯謂之仁矣乎。子曰。爲之難、言之得無訒乎。

其言也訒、不是訒言、全從仁者二字來。直是畫出一個仁者行樂圖。牛乃除卻仁者二字、只說其言也訒、便看得容易了、故卽以爲之難三字藥之。

司馬牛問君子。子曰。君子不憂不懼。曰。不憂不懼、斯謂之君子矣乎。子曰。內省不疚、夫何憂何懼。

不從君子二字上、悟出不憂不懼根源。便是不內省處。

司馬牛憂曰。人皆有兄弟、我獨亡。子夏曰。商聞之矣。死生有命、富貴在天。君子敬而無失、與人恭而有禮。四海之內、皆兄弟也。君子何患乎無兄弟也。

卓吾云、牛多言而躁、兄又凶頑不道、料必不相容者、故憂其將害己也。子夏以死生有命、慰之、又教以處之之法、謂只待以恭敬、疎者可親。兄親者乃反疎乎。蓋勸其兄弟和睦也。

子張問明。子曰。浸潤之譖、膚受之愬、不行焉。可謂明也已矣。浸潤之譖、膚受之愬、不行焉。可謂遠也已矣。

一指能蔽泰山。不受一指之蔽、則曠視六合矣。

子貢問政。子曰。足食。足兵。民信之矣。子貢曰。必不得已而去。於斯三者何先。曰。去兵。子貢曰。必不得已而去。於斯二者何先。曰。去食。自古皆有死。民無信不立。

陳旻昭曰。假饒積粟巨萬。豈名足食。使菽粟如水火。方名足食耳。假饒擁衆百萬。豈名足兵。如周武王觀兵於孟津。諸侯不期而會者八百。方名足兵耳。足食足兵。民乃信之。則去食去兵。民亦信之矣。今時要務。正在去兵去食。不在調兵徵糧也。方外史曰。蠲賦稅以足民食。練土著以足民兵。故民信之。必不得已而去兵。去官兵。正所以足民兵也。又不得已而去食。去官食。正所以足民食也。所以效死而民弗去。今時不得已。則屯兵。兵屯而益不足矣。又不得已。則加稅。稅加而益不足矣。求無亂亡得乎。聖賢問答。眞萬古不易之良政也。又曰。旣已死矣。且道有信立個甚麽。若知雖死而立。方知朝聞夕死可矣。不是死而後已矣的。

棘子成曰。君子質而已矣。何以文爲。

有激之言。快心之論。不可無一。不可有二。

子貢曰。惜乎。夫子之說君子也。駟不及舌。文猶質也。質猶文也。虎豹之鞟。猶犬羊之鞟。

文也是皮膚上事質也是皮膚上事須要知文質從何處發生出來譬如活虎豹活犬羊總是活的若虎豹之鞟犬羊之鞟總是死貨耳子貢一生說話只有此二句大似悟的可與文質彬彬章參看

哀公問於有若曰年饑用不足如之何有若對曰盍徹乎曰二吾猶不足如之何其徹也對曰百姓足君孰與不足百姓不足君孰與足

格言良策萬古不刊當與去食去兵章刻於宮殿子張問崇德辨惑子曰主忠信徙義崇德也

能主方能徙不能徙便是無主

愛之欲其生惡之欲其死既欲其生又欲其死是惑也

四個其字正顯所愛所惡之境皆自心所變現耳同是自心所現之境而愛欲其生惡欲其死所謂自心取自心非幻成幻法也非惑而何

誠不以富亦祇以異宜在有馬千駟章其斯之謂與上。

齊景公問政於孔子孔子對曰君君臣臣父父子子公曰善哉信如君不君臣不臣父

不父子不子雖有粟吾得而食諸

子曰片言可以折獄者其由也與子路無宿諾

子曰聽訟吾猶人也必也使無訟乎

子張問政子曰居之無倦行之以忠

　不曰行無倦居以忠便見合外內之道

子曰博學於文約之以禮亦可以弗畔矣夫

子曰君子成人之美不成人之惡小人反是

　請各各自思之

季康子問政於孔子孔子對曰政者正也子帥以正孰敢不正

季康子患盜問於孔子孔子對曰苟子之不欲雖賞之不竊

季康子問政於孔子曰如殺無道以就有道何如孔子對曰子爲政焉用殺子欲善而民善矣君子之德風小人之德草草上之風必偃

　三節都提出一個子字正是君子求諸己乃端本澄源之論

補註　自正其身而人正矣。自殺其惡而民善矣。以殺人爲政者。殺其軀殼而惡心不死也。若以無道殺則怨怨相報無有窮期而天災人禍頻來矣。若得善人爲政遍天下獄囚而曉以三歸五戒之善生死輪廻之苦。喫素念佛中求生淨土之樂俟其痛悔修善然後減輕其罰則死刑可廢也。故佛法殺人不斷一命不損一毛而惡心自滅易所謂神武而不殺者也。蓋一切衆生皆有佛性但隨惡緣而習于爲惡雖沈淪畜生餓鬼地獄之三惡道而佛性不變況人道乎。願爲政者認識佛法爲救國救世無上正道以至誠之心躬自倡導先正其身而齊其家然後施之國政則風行草偃之效無難也。

子張問士何如斯可謂之達矣。子曰。何哉爾所謂達者。子張對曰。在邦必聞。在家必聞。子曰。是聞也。非達也。夫達也者。質直而好義。察言而觀色。慮以下人。在邦必達。在家必達。夫聞也者。色取仁而行違。居之不疑。在邦必聞。在家必聞。

眞正好先生。金沙不濫。藥病灼然。

樊遲從游於舞雩之下。曰。敢問崇德。修慝。辨惑。子曰。善哉問。先事後得。非崇德與。攻其

惡無攻人之惡非修慝與一朝之忿忘其身以及其親非惑與

樊遲問仁子曰愛人問知子曰知人樊遲未達子曰舉直錯諸枉能使枉者直樊遲退見子夏曰鄉也吾見於夫子而問知子曰舉直錯諸枉能使枉者直何謂也子夏曰富哉言乎舜有天下選於衆舉皐陶不仁者遠矣湯有天下選於衆舉伊尹不仁者遠矣

子貢問友子曰忠告而善道之不可則止無自辱焉

　自辱則反帶累朋友所以不可若知四悉隨機方可自利利他

曾子曰君子以文會友以友輔仁

　爲蓮故華以文會友也華開蓮現以友輔仁也

子路第十三

子路問政子曰先之勞之請益曰無倦

　先勞並去聲呼之先之創其始也勞之考其終也無倦精神貫徹於終始也卓吾云請益處便是倦根故即以無倦益之

仲弓爲季氏宰問政子曰先有司赦小過舉賢才曰焉知賢才而舉之曰舉爾所知爾

所不知人其舍諸

仲弓獨問舉賢才可謂知急先務

子路曰衛君待子而爲政子將奚先子曰必也正名乎子路曰有是哉子之迂也奚其正子曰野哉由也君子於其所不知蓋闕如也名不正則言不順言不順則事不成事不成則禮樂不興禮樂不興則刑罰不中刑罰不中則民無所措手足故君子名之必可言也言之必可行也君子於其言無所苟而已矣

人問王陽明曰孔子正名先儒說上告天子下告方伯廢輒立郢此意如何陽明答曰恐難如此豈有此人致敬盡禮待我爲政我就先去廢他豈人情天理耶孔子既肯與輒爲政必輒已能傾心委國而聽聖人盛德至誠必已感化衛輒使知無父之不可以爲人必將痛哭奔走往迎其父父子之愛本於天性輒能痛悔眞切如此蒯聵豈不感動底豫蒯聵既還輒乃致國請戮聵已見化於子又有孔子至誠調和其間當亦決不肯受仍以命輒羣臣百姓又必欲得輒爲君輒乃自暴其罪惡請於天子告於方伯諸侯而必欲致國於父聵與羣臣百姓亦皆表輒悔悟仁孝之美請於

天子告於方伯諸侯必欲得輒為君於是集命於輒使之復君衞國輒不得已乃如後世上皇故事尊蒯聵為太公備物致養而始自復其位則君君臣臣父父子子名正言順一舉而可為政於天下矣孔子正名或是如此

樊遲請學稼子曰吾不如老農請學為圃曰吾不如老圃樊遲出子曰小人哉樊須也上好禮則民莫敢不服上好義則民莫敢不服上好信則民莫敢不用情夫如是則四方之民襁負其子而至矣焉用稼

補註　提婆達多示現逆行而授記成佛聲聞緣覺安于小乘而不求作佛讀法華寧為提婆達多不為聲聞緣覺非大人何以知此經提婆達多品及信解品可知

子曰誦詩三百授以之政不達使於四方不能專對雖多亦奚以為

補註　誦詩三百孔子以為多矣可知但專一經已是足用若不能致用雖多奚為誦詩者思之

子曰其身正不令而行其身不正雖令不從

子曰。魯衛之政。兄弟也。

子謂衛公子荊善居室。始有。曰苟合矣。少有。曰苟完矣。富有。曰苟美矣。

子適衛。冉有僕。子曰。庶矣哉。冉有曰。既庶矣。又何加焉。曰。富之。曰。既富矣。又何加焉。曰。教之。

卓吾曰。一車問答。萬古經綸。

補註　若問何自而庶。何自而富。則必曰。教可知。教是澈始澈終之事。既庶既富之後。需教。未庶未富之先。尤需教也。今機器橫奪人工。外貨傾銷中國。國人喜用外貨。若不廣行自製本貨。自用本貨之教令。則貧困日甚。庶富無期。願國人恐懼而急圖之也。

子曰。苟有用我者。期月而已可也。三年有成。

者才不是說貞方賣假藥的。

子曰。善人爲邦百年。亦可以勝殘去殺矣。誠哉是言也。

深痛殺業。深思善人。

補註　此當與孟子公孫丑問曰。夫子當路于齊。管仲晏子之功。可復許乎章合觀。孔子曰。善人爲邦百年。可以勝殘去殺。而孟子言以齊王猶反手也。蓋飢者易爲食。渴者易爲飲。人民痛苦愈深。則望治之心愈切。唐魏徵嘗舉此義以對太宗之問。其後貞觀之治甫四年。而夜戶不閉。道不拾遺。蓋唐初于經戰之地。皆令建佛寺。其時高僧林立。宣揚佛法。贊助王化。故收效尤速也。今世亂益急。人民歸佛者亦日多。若得政府躬行倡導。明令弘揚之力。則解倒懸而出水火。去殘殺而修仁慈。非難事矣。

子曰。如有王者。必世而後仁。

可見五濁甚難化度。

補註　佛謂此娑婆世界爲五濁惡世。五濁者。劫濁。見濁。煩惱濁。眾生濁。命濁也。劫濁謂濁法聚會之時。見濁謂邪見增盛。昏迷汩沒。煩惱濁謂貪嗔癡慢疑五者煩動惱亂其心。眾生濁謂所感麤弊。身心並皆陋劣。命濁謂因果並劣。壽命短促。不滿百歲。具此五濁。故昏迷苟且。不易化度也。轉濁爲淨。莫如淨土念佛法門。行易而功高。化普而效速。誠寶中之王也。

子曰。苟正其身矣．於從政乎何有。不能正其身．如正人何。
　不正身之人．難道不要正人耶。故以此提醒之。
冉有退朝。子曰。何晏也。對曰。有政。子曰。其事也。如有政．雖不吾以。吾其與聞之。
　卓吾曰。一字不肯假借。如此。
定公問一言而可以興邦。有諸。孔子對曰。言不可以若是其幾也。人之言曰。爲君難．爲臣不易。如知爲君之難也。不幾乎一言而興邦乎。曰。一言而喪邦．有諸。孔子對曰。言不可以若是其幾也。人之言曰。予無樂乎爲君．唯其言而莫予違也。如其善而莫之違也．不亦善乎。如不善而莫之違也．不幾乎一言而喪邦乎。
　四個幾字一樣看．皆是容易之意。傳曰。幾者動之微。知幾其神。可以參看。
葉公問政。子曰。近者說．遠者來。
子夏爲莒父宰．問政。子曰。無欲速．無見小利。欲速則不達。見小利．則大事不成。
　觀心者．亦當以此爲箴。
葉公語孔子曰。吾黨有直躬者。其父攘羊．而子證之。孔子曰。吾黨之直者異於是。父爲

子隱子爲父隱直在其中矣

才有第二念起便不直　此卽菩薩不說四衆過戒也

補註　梵網經菩薩十重戒第六說四衆過戒四衆者出家比丘比丘尼在家優婆塞優婆夷所謂同法四衆也蓮池大師云既云同法若遇有過應當三諫殷勤密令悔改內全僧體外護俗聞而乃恣口發揚貽羞佛化豈大士之心耶同法尚爾況父子乎

樊遲問仁子曰居處恭執事敬與人忠雖之夷狄不可棄也

也只是克己復禮而變文說之

子貢問曰何如斯可謂之士矣子曰行己有恥使於四方不辱君命可謂士矣曰敢問其次曰宗族稱孝焉鄉黨稱弟焉曰敢問其次曰言必信行必果硜硜然小人哉抑亦可以爲次矣曰今之從政者如何子曰噫斗筲之人何足算也

若人知有自己便做不得無恥之行此句便是士之根本三節只是前必具後後不具前耳子貢從來不識自己所以但好做個瑚璉雖與斗筲貴賤不同同一器皿而

已卓吾云孝弟都從有恥得來必信必果也只爲不肯無恥今之從政者只是一個無恥

補註　自念我與諸佛同具佛性同爲凡夫而今諸佛成道以來已經无量塵沙劫數度脫无量衆生而我猶是耽染六塵輪轉生死永無出離此是天下可慚可愧可羞可恥之甚者也具此恥心方能勉行聖道

子曰不得中行而與之必也狂狷乎狂者進取狷者有所不爲也

狂狷就是狂簡狂則必簡簡卽有所不爲有所不爲只是行己有恥耳孟子分作兩人解釋孔子不分作兩人也若狂而不狷狷而不狂有何可取

子曰南人有言曰人而無恒不可以作巫醫善夫不恆其德或承之羞子曰不占而已矣

觀象玩占之人決不無恆無恆卽是無恥

補註　謂不恆其德者不待占卜而已知其必承之羞也

子曰君子和而不同小人同而不和

無諍，故和。知差別法門，故不同。情執，是同。舉一廢百，故不和。

子貢問曰。鄉人皆好之，何如。子曰。未可也。鄉人皆惡之，何如。子曰。未可也。不如鄉人之善者好之，其不善者惡之。

不善者惡，正是好處，何必怪他不善者之惡耶。

子曰。君子易事而難說也，說之不以道，不說也。及其使人也，器之。小人難事而易說也。說之雖不以道，說也。及其使人也，求備焉。

君子悅道，悅卽非悅。小人好悅，道卽非道。

子曰。君子泰而不驕。小人驕而不泰。

泰故坦蕩蕩，從戒愼恐懼來。驕故長戚戚，從無忌憚來。

子曰。剛毅木訥，近仁。

不是質近乎仁。只是欲依於仁者，須如此下手耳。卓吾云。剛毅木訥，都是仁。仁，則并無剛毅木訥矣。

子路問曰。何如斯可謂之士矣。子曰。切切，偲偲，怡怡如也。可謂士矣。朋友切切偲偲。兄

弟怡怡

卓吾云兄弟易切切偲偲朋友易怡怡故分別言之

子曰善人教民七年亦可以即戎矣

卓吾云說七年便不是空話

子曰以不教民戰是謂棄之

仁人之言惻然可思

補註　不修德教而教民以戰者是棄之也今之棄民者多矣何以保國

憲問第十四

憲問恥子曰邦有道穀邦無道穀恥也

卓吾曰原思辭祿欲脫其身於穀之外孔子恥穀欲效其身於穀之中方外史曰若知素位而行便不肯脫身穀外

克伐怨欲不行焉可以爲仁矣子曰可以爲難矣仁則吾不知也

爲仁決不是者樣工夫

子曰。士而懷居・不足以爲士矣。

得少爲足・便是懷居。與不知老之將至・相反。

子曰。邦有道・危言危行・邦無道・危行言孫。

言遜・不是避禍。正是挽回世運之妙用耳。

子曰。有德者・必有言。有言者・不必有德。仁者・必有勇。勇者・不必有仁。

有見地者・必有行履。有行履者・不必有見地。故古人云。只貴見地・不問行履也。倘無行履・決非正見。

補註　自隨唐倡科舉。以至今日。皆是以言教人。以言取人。言愈盛而德愈衰矣。妄言非見地也。妄行非行履也・其根本在求仁・求仁莫如學佛。學佛則得大辨才大無畏矣。

南宮适問於孔子曰。羿善射・奡盪舟・俱不得其死然。禹稷躬稼・而有天下。夫子不答。南宮适出。子曰。君子哉若人・尙德哉若人。

千古至言・文不加點・故不答也。出後而贊・正是不答處。不答・又就是贊處。

子曰。君子而不仁者、有矣夫。未有小人而仁者也。

警策君子、激發小人。小人若仁、便是君子。那有定名。

補註　魏徵上唐太宗疏曰。君子不能无小惡。惡不積。无妨于正道。小人或時有小善。善不積。不足以立忠。疑君子而信小人者。讀之可以猛省矣。

子曰。愛之、能勿勞乎。忠焉、能勿誨乎。

子曰。爲命、裨諶草創之。世叔討論之。行人子羽脩飾之。東里子產潤色之。

作文要訣

補註　出其言善。則千里之外應之。出其言不善。則千里之外違之。言不可以不愼也。

或問子產。子曰。惠人也。問子西。曰。彼哉彼哉。問管仲。曰。人也。奪伯氏駢邑三百。飯疏食、沒齒無怨言。

補註　人也、猶言仁也。可知不仁。卽非人。使怨家无怒言。非仁者感化之深。不能也。

子曰。貧而無怨難。富而無驕易。

無怨就是樂。

子曰。孟公綽爲趙魏老則優。不可以爲滕薛大夫。

子路問成人。卓吾云切問。 子曰。若臧武仲之知。公綽之不欲。卞莊子之勇。冉求之藝。文之以禮樂。亦可以爲成人矣。

卓吾云。知廉勇藝。是銅鐵。禮樂。是丹頭。方外史曰。四子若能文之以禮樂。則四子便各各成人。非要兼四子之長也。禮是此心之節文。樂是此心之太和。誠於中而形於外。故名爲文。非致飾於外也。

曰。今之成人者何必然。見利思義。見危授命。久要不忘平生之言。亦可以爲成人矣。

此與得見有恆。抑亦可以爲次之意同。卓吾云。然則今之不成人者極多矣。

子問公叔文子於公明賈曰。信乎。夫子不言不笑不取乎。公明賈對曰。以告者過也。夫子時然後言。人不厭其言。樂然後笑。人不厭其笑。義然後取。人不厭其取。子曰。其然。豈其然乎。

卓吾曰。是樂取之詞。非猜疑之語。方外史曰。聖人見人之善。如己之善。與後儒自是不同。

補註　曰其然者。是其時然後言。樂然後笑。義然後取之答也。豈其然者。謂所傳不言不笑不取之非也。

子曰。臧武仲以防、求爲後於魯。雖曰不要君、吾不信也。

子曰。晉文公譎而不正。齊桓公正而不譎。

子路曰。桓公殺公子糾、召忽死之、管仲不死。曰未仁乎。子曰。桓公九合諸侯、不以兵車、管仲之力也。如其仁、如其仁。

不以兵車、故如其仁。乃救刀兵劫之眞心實話、

子貢曰。管仲非仁者與。桓公殺公子糾、不能死、又相之。子曰。管仲相桓公。霸諸侯、一匡天下。民到於今受其賜、微管仲、吾其被髮左衽矣。豈若匹夫匹婦之爲諒也、自經於溝瀆而莫之知也。

大丈夫生於世間、惟以救民爲第一義。小名小節、何足論也。天下後世受其賜、仁莫大爲。假使死節、不過忠耳、安得爲仁。況又不必死者耶。當知召忽之死、特匹夫匹婦

之諒而已矣。王珪、魏徵亦與管仲、同是個人。若夫忠臣不事二君、烈女不更二夫。本非聖賢之談。正是匹婦之諒。故易辭曰。恆其德貞。婦人吉。夫子凶。大丈夫幸思之

公叔文子之臣大夫僎、與文子同升諸公。子聞之曰。可以爲文矣。

卓吾云。因他諡文子。故曰可以爲文。文字不必太泥。總之極其許可之詞。

子言衞靈公之無道也。康子曰。夫如是。奚而不喪。孔子曰。仲叔圉治賓客。祝鮀治宗廟。王孫賈治軍旅。夫如是。奚其喪。

低低人尚有大用。若此。况肯用聖賢者乎。

子曰。其言之不怍。則爲之也難。

正要人怍。

陳成子弒簡公。孔子沐浴而朝、告於哀公曰。陳恆弒其君、請討之。公曰。告夫三子。孔子曰。以吾從大夫之後、不敢不告也。君曰告夫三子者。之三子告。不可。孔子曰。以吾從大夫之後、不敢不告也。

陳恆三子、一齊討矣。

子路問事君。子曰。勿欺也，而犯之。
不能闕疑，便是自欺，亦即欺君。
今之不敢犯君者，多是欺君者也。爲君者喜欺，不喜犯。奈之何哉。
子曰。君子上達，小人下達。
形而上者謂之道。形而下者謂之器。上達，故不器。下達，故成瑚璉斗筲等器。若不成器者，并非小人。
子曰。古之學者爲己，今之學者爲人。
盡大地是個自己。所以度盡衆生，只名爲己。若見有己外之人可爲，便非眞正發菩提心者矣。
蘧伯玉使人於孔子，孔子與之坐，而問焉。曰。夫子何爲。對曰。夫子欲寡其過，而未能也。使者出。子曰。使乎使乎。
千古聖賢，眞學問眞血脉。不億使者一言點出。眞奇眞奇。
子曰。不在其位，不謀其政。

曾子曰。君子思不出其位。

未之思也・夫何遠之有。正是思不出其位。

子曰。君子恥其言而過其行。

卓吾云。恥字・何等精神。過字・何等力量。

補註　言過其行。卽是妄語。佛教五戒　一不殺生以修仁。二不偷盜以修義。三不邪淫以修禮。四不妄語以修信。五不飲酒以修智。持五戒者方得人身。破戒則非人也。故君子恥之。

子曰。君子道者三・我無能焉。仁者不憂・知者不惑・勇者不懼。子貢曰。夫子自道也。

仁者知者勇者・三個者字。正與道者者字相應。所謂一心三德。不是三件也。夫子自省。眞是未能。子貢看來。直是自道。譬如華嚴所明十地菩薩。雖居因位。而下地視之。則如佛矣。

子貢方人。子曰。賜也・賢乎哉。夫我則不暇。

不暇二字。頂門針也。若能思齊內省。則雖妍媸立辨。不名爲方人矣。

補註　可知聖人無時不是修己。

子曰。不患人之不己知。患其不能也。

何有於我哉、我無能焉、是吾憂也。則吾未之有得。皆患不能之眞榜樣也。

子曰。不逆詐、不億不信。抑亦先覺者。是賢乎。

不惟揀去世間逆億、亦復揀去二乘作意神通矣。　世人自多詐、則恆逆詐。自多不信、則恆億不信。聖人哀之、故進以先覺二字、若欲先覺、須從不詐不疑、不逆不億下手。直到至誠地位、自然任運先覺。苟不向心地克己復禮、而作意欲求先覺。便是逆億了也。故曰君子可欺。唯可欺、方爲君子耳。

微生畝、謂孔子曰。丘何爲是栖栖者與。無乃爲佞乎。孔子曰。非敢爲佞也、疾固也。

子曰。驥不稱其力、稱其德也。

可以人而不如馬乎。

或曰。以德報怨、何如。子曰。何以報德。以直報怨、以德報德。

達得怨親平等、方是直、若見有怨而强欲以德報之、正是人我是非未化處。　怨宜

忘故報之以直謂不見有怨也德不可忘故報之以德謂知恩報恩也

子曰莫我知也夫子貢曰何爲其莫知子也子曰不怨天不尤人下學而上達知我者其天乎

心外無天故不怨天心外無人故不尤人向上事須從向下會取故下學而上達惟其下學上達所以不怨不尤今人離下學而高談上達譬如無翅妄擬騰空

公伯寮愬子路於季孫子服景伯以告曰夫子固有惑志於公伯寮吾力猶能肆諸市朝子曰道之將行也與命也道之將廢也與命也公伯寮其如命何

子服眼中有伯寮孔子了知伯寮不在子路命外伯寮自謂愬得子路孔子了知子路之命差遣伯寮可見聖賢眼界胸襟

子曰賢者辟世其次辟地其次辟色其次辟言

程子曰四者非有優劣所遇不同耳

補註　辟世謂在世而出世辟地謂危邦不入亂邦不居辟色謂同居一地而不相見辟言謂常常相見而不與之言若聖人則自他不二無能辟所辟故曰吾非斯人

之徒與而誰與。

子曰。作者七人矣。

子路宿於石門。晨門曰。奚自。子路曰。自孔氏。曰。是知其不可而爲之者與。

只此一語。描出孔子之神。蓋知可而爲者。伊尹周公之類是也。知不可而不爲者。伯夷柳下惠等是也。知可而不爲者。巢許之類是也。知不可而爲之者。孔子是也。若不知可與不可者。不足論矣。

子擊磬於衞。有荷蕢而過孔氏之門者。曰。有心哉。擊磬乎。既而曰。鄙哉。硜硜乎。莫己知也。斯已而已矣。深則厲。淺則揭。子曰。果哉。末之難矣。

既知音。亦知心。但不知木鐸之意耳。果哉末之難。卻與知不可而爲之作一註脚。可謂難行能行。

子張曰。書云。高宗諒陰。三年不言。何謂也。子曰。何必高宗。古之人皆然。君薨。百官總己以聽於冢宰。三年。

古之人皆然一句。傷今思古。痛甚痛甚。

子曰。上好禮。則民易使也。

子路問君子。子曰。修己以敬。曰。如斯而已乎。曰。修己以安人。曰。如斯而已乎。曰。修己以安百姓。修己以安百姓。堯舜其猶病諸。

盡十方世界是個自己。豎窮橫徧。其體其量其具。皆悉不可思議。人與百姓。不過自己心中所現一毛頭許境界耳。子路只因不達自己。所以連用兩個如斯而已乎。孔子見得己字透徹。所以說到堯舜猶病。非病不能安百姓也。只病修己未到極則處耳。

原壤夷俟。子曰。幼而不孫弟。長而無述焉。老而不死。是爲賊。以杖叩其脛。

以打罵作佛事。

闕黨童子將命。或問之曰。益者與。子曰。吾見其居於位也。見其與先生並行也。非求益者也。欲速成者也。

爲學日益。爲道日損。人都看作兩橛。若知下學而上達。則日益處卽日損處矣。今童子而能居位並行。何等志氣。但恐其離下學而求上達。便使依乎中庸之道。故令之

將命所以實其操履耳居位卽是欲立並行卽是欲達皆童子之所難能故知不是
僅求益者卓吾云在居位並行處見其欲速成非不隅坐隨行也若不隅坐隨行一
放牛小廝矣何以將命

衞靈公第十五

衞靈公問陳於孔子孔子對曰俎豆之事則嘗聞之矣軍旅之事未之學也明日遂行
在陳絕糧從者病莫能興子路慍見曰君子亦有窮乎子曰君子固窮小人窮斯濫矣
只消慍見便是濫若知樂在其中那見有窮可慍
子曰賜也女以予爲多學而識之者與對曰然非與曰非也予一以貫之
卓吾云腐儒謂然非與處不如曾子之唯可發一笑方外史曰俗儒妄謂曾子傳得
孔子之道則子貢亦傳得孔子之道矣孔子何以再歎今也則亡
子曰由知德者鮮矣
痛下一針
子曰無爲而治者其舜也與夫何爲哉恭己正南面而已矣

從來聖賢，只有爲人爲學爲德而已，斷斷無有爲治者。若一有爲治之心，則天下益亂矣。恭己二字。卽是修己以敬，又卽爲人爲學爲德之實工夫

子張問行。子曰。言忠信，行篤敬，雖蠻貊之邦行矣。言不忠信，行不篤敬，雖州里行乎哉。立，則見其參於前也，在輿，則見其倚於衡也，夫然後行。子張書諸紳。

信而曰忠，敬而曰篤，對治子張病根也，參前倚衡，但盡其忠信篤敬耳，非以此求行也。惟不求行，夫然後行。

子曰。直哉史魚，邦有道如矢，邦無道如矢。君子哉蘧伯玉。邦有道則仕，邦無道則可卷而懷之

春蘭秋菊，各擅其美。

子曰。可與言而不與之言，失人。不可與言而與之言，失言。知者不失人，亦不失言。

四悉檀

補註　不失人亦不失言。則四悉檀具矣。悉遍也。檀施也。四悉檀者。一世界悉檀是與趣義。所以起信。二爲人悉檀。是訓導義。所以開解導行。三對治悉檀。是警策義。所

以止惡生善。四第一義悉檀。是解脫義。所以顯性證眞。佛說一切法。不離四悉檀。

子曰。志士仁人、無求生以害仁、有殺身以成仁。

如此、方名志士仁人。今之志士仁人、宜以此自勘。

子貢問爲仁。子曰。工欲善其事、必先利其器。居是邦也、事其大夫之賢者、友其士之仁者。

賢之與仁。皆吾利器也。奈何鈍置之耶。

顏淵問爲邦。子曰。行夏之時。乘殷之輅。服周之冕。樂則韶舞。放鄭聲。遠佞人。鄭聲淫、佞人殆。

王陽明曰。顏子具體聖人、其於爲邦的大本大原、都已完備。夫子平日知之已深、到此都不必言。只就制度文爲上說。此等處、亦不可忽略、非要是如此方盡善。又不可因自己本領是當了。便於防範上疎闊、須是要放鄭聲遠佞人。蓋顏子是克己向裏德上用心的人。孔子恐其外面末節或有疎略、故就他不足處幫補說、若在他人、須告以爲政在人、取人以身。修身以道、修道以仁。達道九經、及誠身許多工夫。方始做

得此方是萬世常行之道不然只去行了夏時乘了殷輅服了周冕作了韶舞天下豈便治得

補註　綺語卽鄭聲妄言卽佞人千數百年來靡麗之駢體淫蕩之詩賦謗佛非聖之文辭皆鄭聲佞人敎淫敎殆之尤者也國以爲敎家以爲學而不知其非天下大亂之所由來也放之遠之删之燬之而後天下可爲也

子曰人無遠慮必有近憂

　未超三界外總在五行中斷盡二障慮斯遠矣

子曰已矣乎吾未見好德如好色者也

　正是不肯絕望

子曰臧文仲其竊位者與知柳下惠之賢而不與立也

　誅心在一知字

子曰躬自厚而薄責於人則遠怨矣

　厚責人者只是不能自厚耳

子曰不曰如之何如之何者吾末如之何也已矣

畢竟將如之何

補註　知因果信輪廻善有所勸惡有所懲小人有所忌憚然後可以教之爲善周安士先生曰人人信因果大治之道也人人不信因果大亂之道也雖聖人並起無如之何矣

子曰羣居終日言不及義好行小慧難矣哉

小慧與義正相反

子曰君子義以爲質禮以行之孫以出之信以成之君子哉

行之行此義也出之出此義也成之成此義也卓吾曰不是以義爲質以禮行之以孫出之以信成之方外史曰須向君子二字上著眼

子曰君子病無能焉不病人之不己知也

子曰君子疾沒世而名不稱焉

稱字去聲沒世而實德不稱君子之名眞可疾矣

子曰。君子求諸己。小人求諸人。

識得自己。自然求己。小人只是不知自己耳。哀哉。

子曰。君子矜而不爭。羣而不黨。

矜則易爭。羣則易黨。故以不爭不黨爲誡勉。

子曰。君子不以言舉人。不以人廢言。

至明至公。

子貢問曰。有一言而可以終身行之者乎。子曰。其恕乎。己所不欲。勿施於人。

可行於天下。可行於萬世。眞是一以貫之。

子曰。吾之於人也。誰毀誰譽。如有所譽者。其有所試矣。斯民也。三代之所以直道而行也。

人自謂在三代後。孔子視之。皆同於三代時。所以如來成正覺時。悉見一切衆生成正覺。

補註　試猶省也。如日省月試之試。視其所以。觀其所由。察其所安也。

子曰。吾猶及史之闕文也。有馬者借人乘之。今亡矣夫。

不敢絕望。

子曰。巧言亂德。小不忍。則亂大謀。

二皆自亂自己耳。卓吾云一失之浮一失之躁。

子曰。衆惡之必察焉。衆好之必察焉。

上句爲豪傑伸屈。下句爲鄉愿照膽。

子曰。人能弘道。非道弘人。

可見道只是人之所具。天地萬物。又只是道之所具。誰謂天地生人耶。

子曰。過而不改。是謂過矣。

爲三種懺法作前茅。

補註　千年暗室。一炬能消。懺悔猶炬也。無炬則永暗矣。懺法三種。一作法懺。向佛前披陳身口意罪。誓不復作。二取相懺。於定心中運懺悔想。如佛來摩頂。以感瑞相期消煩惱。三無生懺。正心端坐。而觀無生之理。如法華經云。若欲懺悔者。端坐念實

相衆罪如霜露慧日能消除

子曰吾嘗終日不食終夜不寢以思無益不如學也

學思本非兩事言此以救偏思之失耳

子曰君子謀道不謀食耕也餒在其中矣學也祿在其中矣君子憂道不憂貧

卓吾云作訓詞看

子曰知及之仁不能守之雖得之必失之知及之仁能守之不莊以涖之則民不敬知及之仁能守之莊以涖之動之不以禮未善也

知及仁守是明明德莊以涖之是親民動之以禮是止至善不能莊涖動禮便是仁守不全不能仁守便是知之未及思之思之如來得三不護方可名動之以禮故曰修己以敬堯舜其猶病諸

補註　如來身口意三業純淨離過不須防護名爲三不護

子曰君子不可小知而可大受也小人不可大受而可小知也

不可小知不可以思議測度之也可大受如大海能受龍王之雨能受衆流之歸也

小人反是。

子曰。民之於仁也。甚於水火。水火。吾見蹈而死者矣。未見蹈仁而死者也。

既曰未見蹈仁而死。又曰有殺身以成仁。方信殺身不是死。

子曰。當仁不讓於師。

見過於師。方堪傳授。

卓吾云。只爲學者惟有當仁一事讓師。故云。

補註　此當與如有周公之才之美。使驕且吝。其餘不足觀也已章合看。便知不當貢高。亦不當退屈。華嚴經云。心佛及衆生。是三無差別。故貢高與退屈二者皆非也。

子曰。君子貞而不諒。

諒即硜硜小人。

子曰。事君。敬其事而後其食。

敬其事。敬字從敬止發來。既敬其事。必後其食矣。

子曰。有教無類。

佛菩薩之心也。若使有類。便無教矣。

補註　列子冲虛經言太古神聖之人備知萬物情態。悉解異類音聲。會而聚之。訓而受之。同於人民。故先會鬼神魑魅。次達八方人民。末聚禽獸蟲蛾。言血氣之類心智不殊遠也。神聖知其如此。故其所教訓者無所遺逸焉。列子所謂太古神聖者非三界大師四生慈父之大覺世尊乎。

子曰。道不同。不相爲謀。

毫釐有差。天地懸隔。仁與不仁而已矣。

子曰。辭達而已矣。

從古有幾個眞正達的。

卓吾云。五字便是談文祕密藏。

師冕見。及階。子曰。階也。及席。子曰。席也。皆坐。子告之曰。某在斯。某在斯。師冕出。子張問曰。與師言之道與。子曰。然。固相師之道也。

子張看得道字奇特。孔子註得道字平常。

季氏第十六

季氏將伐顓臾。冉有季路見於孔子曰。季氏將有事於顓臾。孔子曰。求・無乃爾是過與。夫顓臾・昔者先王以爲東蒙主。且在邦域之中矣。是社稷之臣也。何以伐爲。冉有曰。夫子欲之。吾二臣者・皆不欲也。孔子曰。求・周任有言曰・陳力就列・不能者止・危而不持・顛而不扶・則將焉用彼相矣。且爾言過矣。虎兕出於柙・龜玉毀於櫝中・是誰之過與。冉有曰。今夫顓臾固而近於費・今不取・後世必爲子孫憂・孔子曰・求・君子疾夫舍曰欲之・而必爲之辭・丘也聞有國有家者・不患寡而患不均。不患貧而患不安。蓋均無貧・和無寡・安無傾・夫如是・故遠人不服・則修文德以來之。既來之・則安之。今由與求也・相夫子・遠人不服而不能來也。邦分崩離析・而不能守也。而謀動干戈於邦內。吾恐季孫之憂・不在顓臾・而在蕭牆之內也。

老吏斷獄・曲直分明。

補註　文德。卽均也。安也。和也。不均。不安。不和。故人不服也。遠人不服。而修文德以來之。此正本清源之化。若棄文德而黷武功。近人不服。況遠人乎。故國家之憂。不在遠人。而在蕭牆之內也。

孔子曰。天下有道。則禮樂征伐自天子出。天下無道。則禮樂征伐自諸侯出。自諸侯出。蓋十世希不失矣。自大夫出。五世希不失矣。陪臣執國命。三世希不失矣。天下有道。則政不在大夫。天下有道。則庶人不議。

卓吾云。明誅臣子。隱責君父。

補註　上承天道下子庶民。謂之天子。非桀紂獨夫之所能混同也。好善如春之生。惡惡如秋之肅。好善如母之慈。惡惡如父之嚴。禮樂征伐。即好善惡惡之事也。民之所好好之。民之所惡惡之。故庶人不議。庶人議。而天下之亂可知矣。乃至庶人不敢議。而天下之亂益甚矣。

孔子曰。祿之去公室五世矣。政逮於大夫四世矣。故夫三桓之子孫微矣。

孔子曰。益者三友。損者三友。友直。友諒。友多聞。益矣。友便辟。友善柔。友便佞。損矣。

孔子曰。益者三樂。損者三樂。樂節禮樂。樂道人之善。樂多賢友。益矣。樂驕樂。樂佚遊。樂宴樂。損矣。

益者損者都就求益招損的自身上說。

補註　多聞難。諒，更難。直，尤難中之難。如此益友，幸勿交臂失之。便辟，非直也。善柔，非諒也。便佞，非多聞也。便辟，似直而非中道。善柔，似諒而非至誠。便佞，似多聞而非正知正見。如此損友。切勿誤認。

孔子曰。侍於君子有三衍。言未及之而言，謂之躁。言及之而不言，謂之隱。未見顏色而言，謂之瞽。

孔子曰。君子有三戒。少之時，血氣未定，戒之在色。及其壯也，血氣方剛，戒之在鬬。及其老也，血氣既衰，戒之在得。

有戒，則能御血氣。無戒，則被血氣使。一部易經，三戒收盡。

補註　是即貪瞋癡三毒也。自少，而壯，而老，一切時。皆當戒之。分舉三時者。以其易犯耳。語偏而意圓也。知三毒皆由血氣所爲。則知非本性所有。能悟性者。戒之非難。性體虛空。何有于色。性量一如。何有於鬬。性具萬有。何事於得。是之謂順性修戒。

孔子曰。君子有三畏。畏天命，畏大人，畏聖人之言。小人不知天命而不畏也。狎大人。侮聖人之言。
天命之性。眞妄難分。所以要畏大人。修道復性。是我明師良友。所以要畏聖言。指示
修道復性之要。所以要畏。畏天命。是歸依一體三寶。畏大人。是歸依住持佛寶僧寶。
畏聖人之言。是歸依住持法寶也。不知天命。亦不知大人。亦不知聖人之言。小人既
皆不知。而不畏。則君子皆知。故皆畏耳。不知心佛衆生三無差別。不知人心惟危。道
心惟微。不能戒愼恐懼。是不畏天命。妄以理佛擬究竟佛。是狎大人。妄謂經論是止
啼法。不知慧命所寄。是侮聖人之言。
孔子曰。生而知之者。上也。學而知之者。次也。困而學之。又其次也。困而不學。民斯爲下
矣。
只是肯學。便非下民。
孔子曰。君子有九思。視思明。聽思聰。色思溫。貌思恭。言思忠。事思敬。疑思問。忿思難。見
得思義。
字字箴銘。　未之思也。夫何遠之有。君子思不出其位。與此參看。

孔子曰見善如不及見不善如探湯吾見其人矣吾聞其語矣隱居以求其志行義以達其道吾聞其語矣未見其人也

齊景公有馬千駟死之日民無德而稱焉伯夷叔齊餓於首陽之下民到於今稱之誠不以富亦祇以異其斯之謂與

陳亢問於伯魚曰子亦有異聞乎對曰未也嘗獨立鯉趨而過庭曰學詩乎對曰未也不學詩無以言鯉退而學詩他日又獨立鯉趨而過庭曰學禮乎對曰未也不學禮無以立鯉退而學禮聞斯二者陳亢退而喜曰問一得三聞詩聞禮又聞君子之遠其子也

未得謂得枉了一個空歡喜可笑可笑

補註　聖人視一切衆生如子有何遠近之分乎

邦君之妻君稱之曰夫人夫人自稱曰小童邦人稱之曰君夫人稱諸異邦曰寡小君異邦人稱之亦曰君夫人

補註　一邦君之妻耳而各各稱之不同如此可悟性一而名與相萬殊之旨爲人

君止於仁。爲人臣止於敬。爲人子止於孝。爲人父止於慈。與國人交止於信。其爲致良知一也

陽貨第十七

陽貨欲見孔子、孔子不見、歸孔子豚。孔子時其亡也、而往拜之。遇諸塗。謂孔子曰、來、予與爾言。曰、懷其寶而迷其邦。可謂仁乎。曰不可。好從事而亟失時、可謂知乎。曰不可。日月逝矣、歲不我與、孔子曰、諾、吾將仕矣

時其亡、只是偶值其亡耳、孟子作瞰其亡、便令孔子作略、僅與陽貨一般。豈可乎哉。

子曰、性相近也、習相遠也

性近習遠、方是不變隨緣之義。孟子道性善、只說人道之性、以救時耳。

補註　順性而修。則九界衆生。皆可成佛。故曰相近。隨習而流。則同體之性。而十法界分爲。十法界者。佛法界。菩薩法界。緣覺法界。聲聞法界。此謂四聖。天法界。人法界。修羅法界。畜生法界。餓鬼法界。地獄法界。此是六凡。九界對佛而言。皆衆生也。十界唯是一心。心本無界。依於所習善惡淨染四法。而成十界。故曰法界。眞如性內。絕生

佛之假名。故曰一眞法界。眞者無妄。如者不變也。

子曰。唯上知、與下愚、不移、

除卻上知下愚、便皆可移、既未到上知、豈可不爲之隄防。既不甘下愚、豈可不早思移易。

補註　陽明先生謂上智與下愚不移。非不可移。乃不肯移耳。上智不肯爲惡。下愚不肯爲善。非不能也。

子之武城、聞弦歌之聲。夫子莞爾而笑曰。割雞焉用牛刀。子游對曰。昔者偃也、聞諸夫子曰。君子學道則愛人、小人學道則易使也。子曰。二三子、偃之言是也。前言戲之耳。

公山弗擾、子費畔、召。子欲往。子路不說曰、末之也已。何必公山氏之之也。子曰、夫召我者、而豈徒哉。如有用我者、吾其爲東周乎。

原不說公山。決能用我、

卓吾云、言必爲西周、不爲東周也、

子張問仁於孔子。孔子曰。能行五者於天下、爲仁矣。請問之。曰。恭、寬、信、敏、惠。恭則不侮。

寬則得衆信則人任焉敏則有功惠則足以使人

要以此五者行於天下方是仁不得捨卻天下而空言存心以天下不在心外而心非肉團故也

佛肸召子欲往子路曰昔者由也聞諸夫子曰親於其身爲不善者君子不入也佛肸以中牟畔子之往也如之何子曰然有是言也不曰堅乎磨而不磷不曰白乎涅而不緇吾豈匏瓜也哉焉能繫而不食

磨得磷的便非眞堅涅得緇的便非眞白匏瓜用爲浮囊而不用作食器只是一偏之用聖人無用無所不用故云吾豈匏瓜乃顯無可無不可猶如太虛空然不可喚作一物耳非是要與人作食器也若作食器縱使瑚璉亦可磷可緇矣

子曰由也女聞六言六蔽矣乎對曰未也居吾語女好仁不好學其蔽也愚好知不好學其蔽也蕩好信不好學其蔽也賊好直不好學其蔽也絞好勇不好學其蔽也亂好剛不好學其蔽也狂

若不好學則仁知等皆虛名耳言者但有虛名非實義也蔽卻是實病矣

子曰。小子何莫學夫詩。詩可以興，可以觀，可以羣，可以怨，邇之事父，遠之事君。多識於鳥獸草木之名。

今人都不曾學詩。

子謂伯魚曰。女爲周南召南矣乎。人而不爲周南召南，其猶正牆面而立也與。

爲字，妙。直須爲文王，爲周公，始非面牆。

補註　孟子曰。身不行道。不行於妻子。使人不以其道。不能行於妻子。譬如面牆而立。第一步已不可行。安能行之家國天下乎。故文王之化。自刑于寡妻。始然後至於兄弟。以御於家邦。

子曰。禮云禮云，玉帛云乎哉。樂云樂云，鐘鼓云乎哉。

與人而不仁章。參看。

子曰。色厲而內荏，譬諸小人，其猶穿窬之盜也與。

的當之甚，刻毒之甚。

子曰。鄉原，德之賊也。

子曰。道聽而塗說。德之棄也。

鄉原。只好偷石人石馬。道聽塗說。連石人石馬也偷不得。

子曰。鄙夫可與事君也與哉。其未得之也。患得之。既得之。患失之。苟患失之。無所不至矣。

照妖鏡。斬妖劍。

子曰。古者民有三疾。今也或是之亡也。古之狂也肆。今之狂也蕩。古之矜也廉。今之矜也忿戾。古之愚也直。今之愚也詐而已矣。

葛可久頂門針。不知還救得否。可悲可憐。

子曰。巧言令色。鮮矣仁。

子曰。惡紫之奪朱也。惡鄭聲之亂雅樂也。惡利口之覆邦家者。

二也字一者字。賓主歷然。

子曰。予欲無言。子貢曰。子如不言。則小子何述焉。子曰。天何言哉。四時行焉。百物生焉。天何言哉。

無言、豈是不言。何言、卻是有言。說時默、默時說。參。

孺悲欲見孔子、孔子辭以疾。將命者出戶取瑟而歌、使之聞之。

補註　既辭以疾。又取瑟而歌使之聞之、可知聖人之不肯妄語。雖不見孺悲、實已進而教之。

宰我問三年之喪、期已久矣。君子三年不為禮、禮必壞。三年不為樂、樂必崩。（喚甚麼作禮樂、可恥可恥。）舊穀既沒、新穀既升。鑽燧改火、期可已矣。子曰、食夫稻、衣夫錦、於女安乎。曰。安。（喪心病狂。）女安則為之、夫君子之居喪、食旨不甘、聞樂不樂、居處不安、故不為也。（真禮真樂、和盤托出。）今女安、則為之。宰我出。子曰、予之不仁也。子生三年、然後免於父母之懷。夫三年之喪、天下之通喪也。予也有三年之愛於其父母乎。

難道三年之喪便報得三年之愛。且就人情真切處、點醒之耳。

陳旻昭曰。宰我答安、真有調達入地獄的手段。得他此答、方引出孔子一番痛罵。方使天下後世之為子者、皆不得安。方杜絕千古世後欲短喪之邪說。

補註　調達即提婆達多。於無量劫前佛為國王、調達為阿私仙人、為王說妙法華經。自是世世示現逆行。專意害佛。生斛飯王家。爲佛從弟。常以毒藏十指甲。禮佛接足。足不傷。而指自壞。又與阿闍世王謀欲殺佛。而自爲新佛王。縱五百醉象踏佛。佛以手指。指現獅子。象皆攝伏。又推大石壓佛。地神遮之。石碎迸其小者中佛足。流血。因是陷入地獄。佛遣使問其安否。報曰。我處此如四禪天樂。又問幾時出地獄。答曰。待世尊來入地獄。我方出之。其五逆類如此。實則大權示現。成就佛功德。故法華會中。得授記成佛。

子曰。飽食終日。無所用心。難矣哉。不有博奕者乎。爲之猶賢乎已。

好行小慧。無所用心。俱難矣哉。須是居易以俟命。

子路曰。君子尚勇乎。子曰。君子義以爲上。君子有勇而無義。爲亂。小人有勇而無義。爲盜。

勇者奪魄。

子貢曰。君子亦有惡乎。子曰。有惡。惡稱人之惡者。惡居下流而訕上者。惡勇而無禮者。惡果敢而窒者。曰。賜也亦有惡乎。惡徼以爲知者。惡不孫以爲勇者。惡訐以爲直者。

大須各自簡點。莫使此二人惡。
子曰。唯女子與小人。爲難養也。近之則不孫。遠之則怨。
曲盡女子小人情狀。
補註　女子小人。皆須教之以道。學道則易使也。若養而不教。則有怨與不孫之弊。
子曰。年四十而見惡焉。其終也已。
惡字不作去聲。讀見惡。謂尚不能改惡從善也。雖云改過可貴。但四十不改。恐終不能改矣。故警勵之意。欲其奮發速改也
補註　欲其不終於惡也。不終於惡。則朝聞道夕死可矣。

微子第十八

微子去之。箕子爲之奴。比干諫而死。孔子曰。殷有三仁焉。
異世者。卻知其仁。同時者。卻云不知其仁。孔子於仁字。何等認得淸楚。豈似子路子貢子張武伯等。隔牆猜謎乎。
卓吾曰。千古隻眼。

方外史曰。若據後儒見識。則微子之去。箕子之陳洪範於武王。安得與比干同論。嗚呼。仁理之不明也久矣。

補註　爲仁而去。爲仁而奴。爲仁而死。故曰殷有三仁焉。

柳下惠爲士師。三黜。人曰。子未可以去乎。曰。直道而事人。焉往而不三黜。枉道而事人。何必去父母之邦。

卓吾曰。有見有守。方外史曰。惟見得眞。故守得定。

齊景公待孔子曰。若季氏則吾不能。以季孟之間待之。曰。吾老矣。不能用也。孔子行。

齊人歸女樂。季桓子受之。三日不朝。孔子行。

楚狂接輿歌而過孔子曰。鳳兮鳳兮。何德之衰。往者不可諫。來者猶可追。已而已而。今之從政者殆而。孔子下。欲與之言。趨而辟之。不得與之言。

又是聖人一個知己　趨而辟之。尤有禪機。

長沮桀溺耦而耕。孔子過之。使子路問津焉。長沮曰。夫執輿者爲誰。子路曰。爲孔丘。曰。是魯孔丘與。曰。是也。曰。是知津矣。好贊詞。問於桀溺。桀溺曰。子爲誰。曰。爲仲由。曰。是魯孔丘之徒與。對曰。然。曰滔滔者。天下皆是也。而誰以易之。且而與其從辟人之士也。豈若從辟世之士哉。耰而不輟。辟人之士。錯看孔子。子路行以告。夫子憮然曰。鳥獸不可與同羣。吾非斯人之徒與。而誰與。可見不是辟人之士。天下有道。丘不與易也。菩薩心腸。木鐸職分。

子路從而後。遇丈人以杖荷蓧。子路問曰。子見夫子乎。問得滿擅。丈人曰。四體不勤。五穀不分。孰爲夫子。答得清楚。植其杖而芸。子路拱而立。止子路宿。殺雞爲黍而食之。見其二子焉。露出馬脚。惹出是非。明日子路行以告。子曰。隱者也。使子路反見之。趙州勘婆子。至則行矣。勘破了也。子路曰。不仕無義。長幼之節。不可廢也。君臣之義。如之何其廢之。欲潔其身。而亂大倫。君子之仕也。行其義也。道之不行。已知之矣。

此數句。絕不似子路之言。想是夫子教他的。幸得丈人不在。不然。卻被丈人勘破。

補註　長沮桀溺丈人之勤四體分五穀。自是古時學者本色。兩漢學風尚如此也。孔子欲進以大乘救世之學。故不許其辟世。然高於後世科舉學校所養成之游民萬萬矣。今之學者。當法長沮桀溺丈人之生計自立。而更進求大乘救世之學。則眞孔子徒也。讀樊遲請學稼章。亦當知此意。若戰國時許行君民並耕而食之說。則謬礙難通矣。兩漢諸帝。尙躬耕籍田。以供宗廟祭祀。而令郡國各舉孝弟力田之士。以爲鄉里表率。此則良法美意。可施行也。

逸民伯夷、叔齊、虞仲、夷逸、朱張、柳下惠、少連。子曰。不降其志、不辱其身、伯夷叔齊與。謂柳下惠少連、降志辱身矣。言中倫、行中慮、其斯而已矣。謂虞仲夷逸、隱居放言、身中清、廢中權。我則異於是、無可無不可。

異於是、謂異於不降不辱、異於降志辱身、異於隱居放言也。非謂異於逸民也。以無可無不可。而附於逸民之科。又是木鐸一個註脚。

大師摯適齊、亞飯干適楚、三飯繚適蔡、四飯缺適秦、鼓方叔入於河、播鼗武入於漢、少師陽擊磬襄入於海。

悽愴之景。萬古墮淚。亦可助發苦空無常觀門。

補註　此周時天子失官。學在四夷之實錄也。古者百官各專其學。各世其官。賴有世祿以養之也。周東遷後。王政不行於諸侯。所入不足以養官。而散在四方。百官之學。遂變爲百家之學。而古學漸衰矣。讀班固藝文志。可知其大略也。

周公謂魯公曰君子不施其親不使大臣怨乎不以故舊無大故則不棄也無求備於一人

補註　此言居上要寬寬則得衆無求備於一人是敎凡有國者造就人才之準則求備於一人可使天下無一人不求備於一人而人才不可勝用矣後世科舉學校皆以求備一人之法使天下英才不能成材不能成德而國家之根本傷矣可嘆也夫

周有八士伯達伯适仲突仲忽叔夜叔夏季隨季騧

補註　八士而出於一家兄弟又兩兩雙生可想周士之多文武周公德化之盛也楊愼曰大理董難曾見宋人小說周有八士命名八人而四韻伯達伯适一韻也仲突仲忽一韻也叔夜叔夏一韻也季隨季騧隨旬禾反騧烏戈反一韻也周人尙文於命子之名亦緻密不苟如此說見顧亭林音學五書之唐韻正

子張第十九

子張曰士見危致命見得思義祭思敬喪思哀其可已矣

卓吾云。致命、不用思、字有理。

子張曰。執德不弘。信道不篤。焉能為有。焉能為亡。

卓吾云。罵得很。　方外史曰。弘字篤字用得妙。

子夏之門人問交於子張。子張曰。子夏云何。對曰。子夏曰。可者與之。其不可者拒之。子張曰。異乎吾所聞。君子尊賢而容衆。嘉善而矜不能。我之大賢與。於人何所不容。我之不賢與。人將拒我。如之何其拒人也。

毋友不如己者。原不是拒人。

子夏曰。雖小道。必有可觀者焉。致遠恐泥。是以君子不為也。

子夏曰。日知其所亡。月無忘其所能。可謂好學也已矣。

此便是子夏之學。不是孔子之學。所謂小人儒也。

子夏曰。博學而篤志。切問而近思。仁在其中矣。

此卻說得有味。

子夏曰。百工居肆。以成其事。君子學。以致其道。

逼眞好同喻。

子夏曰。小人之過也必文。

卓吾云。今人倘有文過之念。此念便是小人了。

子夏曰。君子有三變。望之儼然。卽之也溫。聽其言也厲。

像贊

子夏曰。君子信而後勞其民。未信則以爲厲己也。信而後諫。未信則以爲謗己也。

小心天下去得。

子夏曰。大德不踰閑。小德出入可也。

卓吾曰。最方而最圓。出入形容其活動耳。云何便說未盡合理。　方外史曰。若不合理。何名小德。

子游曰。子夏之門人小子。當洒掃應對進退則可矣。抑末也。本之則無。如之何。（鉗鎚小子。）子夏聞之曰。噫。言游過矣。君子之道。孰先傳焉。孰後倦焉。（點化小子。）譬諸草木。區以別矣。（激礪小子。）君子之道。焉可誣也。有始有卒者。其惟聖人乎。（慫慂小子。）

子游之譏是要門人知本。子夏之辯・是要門人即末悟本。只此洒掃應對進退・若以爲末。到底是末。若知其本。頭頭皆本。二賢各出手眼接引門人。莫作是非會也。

補註　佛以一音演說法。衆生隨類各得解。天以一味降時雨。草木隨類各滋榮。君子之道本末不二。見本見末。見先見後。皆學者機感之不同也。若即末知本。即始知卒。則非至圓至頓之聖人不能。故一乘佛法。分別而說三。說五。乃至無量。爲菩薩緣覺聲聞天人及惡道衆生。曲垂方便。十方三世佛等一大慈也。

子夏曰。仕而優・則學。學而優・則仕。

卓吾曰。今人學未優則已仕矣。仕而優・如何肯學。　方外史曰。惟其學未優便仕・所以仕後永無優時。

子游曰。喪致乎哀而止。

子游曰。吾友張也・爲難能也・然而未仁。

曾子曰。堂堂乎張也・難與並爲仁矣。

好朋友・眞難得。今人那肯如此說病痛。

曾子曰、吾聞諸夫子・人未有自致者也。必也親喪乎。曾子曰。吾聞諸夫子。孟莊子之孝也・其他可能也。其不改父之臣・與父之政・是難能也。

孟氏使陽膚爲士師・問於曾子。曾子曰。上失其道・民散久矣。如得其情・則哀矜而勿喜。

　惟至孝者・方能至慈。堪爲萬世士師座右銘。

子貢曰。紂之不善・不如是之甚也。是以君子惡居下流・天下之惡皆歸焉。

　殷鑒不遠。

子貢曰。君子之過也・如日月之食焉。過也・人皆見之。更也・人皆仰之。

　光明正大之論。

衞公孫朝問於子貢曰。仲尼焉學。子貢曰。文武之道・未墜於地・在人。賢者識其大者・不賢者識其小者。莫不有文武之道焉。夫子焉不學・而亦何常師之有。

　卓吾曰。分明說他師文武・而語自圓妙。

叔孫武叔語大夫於朝曰。子貢賢於仲尼。子服景伯以告子貢。子貢曰。譬之宮牆。賜之牆也及肩・窺見室家之好。夫子之牆數仞・不得其門而入・不見宗廟之美・百官之富。得其門者或寡矣夫子之云不亦宜乎叔孫武叔毀仲尼子貢曰無以爲也仲尼不可毀也他人之賢者丘陵也猶可踰也仲尼日月也無得而踰焉人雖欲自絕其何傷於日月乎多見其不知量也

陳子禽謂子貢曰子爲恭也仲尼豈賢於子乎子貢曰君子一言以爲知一言以爲不知言不可不愼也夫子之不可及也猶天之不可階而升也夫子之得邦家者所謂立之斯立道之斯行綏之斯來動之斯和其生也榮其死也哀如之何其可及也

卓吾曰對癡人不得不如此淺說　方外史曰世間癡人都如此向他說極淺事他便見得深向他說極深理他既不知反認作淺

堯曰第二十

堯曰咨爾舜天之曆數在爾躬允執其中四海困窮天祿永終舜亦以命禹曰予小子履敢用玄牡敢昭告於皇皇后帝有罪不敢赦帝臣不蔽簡在帝心朕躬有罪無以萬方萬方有罪罪在朕躬周有大賚善人是富雖有周親不如仁人百姓有過在予一人謹權量審法度修廢官四方之政行焉興滅國繼絕世舉逸民天下之民歸心焉所重

民・食・喪・祭。

修己以敬四字・便是帝王道脉・歷歷可考。

寬・則得衆。信・則民任焉。敏・則有功。公則說

子張問於孔子曰。何如斯可以從政矣。子曰。尊五美・屏四惡・斯可以從政矣。子張曰。何謂五美。子曰。君子惠而不費・勞而不怨・欲而不貪・泰而不驕・威而不猛。子張曰。何謂惠而不費。子曰。因民之所利而利之・斯不亦惠而不費乎。擇可勞而勞之・又誰怨・欲仁而得仁・又焉貪・君子無衆寡・無小大・無敢慢・斯不亦泰而不驕乎・君子正其衣冠・尊其瞻視・儼然人望而畏之・斯不亦威而不猛乎。子張曰。何謂四惡。子曰。不敎而殺謂之虐・不戒視成謂之暴・慢令致期謂之賊・猶之與人也・出納之吝・謂之有司。

子曰。不知命無以爲君子也。不知禮無以立也。不知言無以知人也

知命只是深信因果耳。知禮則善於觀心・所謂約之以禮・知言則善於聞法・所謂了達四悉因緣。終

論語點睛補註下終

論語發隱

淸石埭楊文會仁山註

子曰。學而時習之。不亦說乎。有朋自遠方來。不亦樂乎。人不知而不慍。不亦君子乎。

開章言學。須知爲學之方。詳在大學前篇。孔子自言下學而上達。誠爲學之正軌也。時時習之。日有進益。以期造乎至善之地。則中心喜悅可知矣。朋自遠來。同聲相應。同氣相求也。其樂何如。設人不知而內自慍。是謂徇人。則非君子之道矣。

有子曰。其爲人也孝弟而好犯上者鮮矣。不好犯上而好作亂者。未之有也。君子務本。本立而道生。孝弟也者。其爲仁之本與。

有子此言。以孝弟治天下。得聖門一貫之旨也。

子曰。禘自既灌而往者。吾不欲觀之矣。

灌所以降神。誠無感通。神不來格。此祭便成虛設。故不欲觀。

祭如在。祭神如神在。子曰。吾不與祭。如不祭。

兩如字最妙。記者因聞孔子之言。而知孔子祭時。有此種觀境也。

子謂子貢曰。女與回也孰愈。對曰。賜也何敢望回。回也聞一以知十。賜也聞一以知二。子曰。弗如也。吾與女弗如也。

維摩經中三十二菩薩皆以對法顯不二法門。六祖壇經以三十六對顯禪宗妙義。子貢聞一知二者。即從對法上知一貫之旨也。若顏子聞一知十者。乃證華嚴法門也。經中凡舉一法即具十門重重無盡。名爲圓融法界。子貢能知顏子造詣之深復能自知修道分齊。故孔子印其弗如而與之也。

子曰。默而識之。學而不厭。誨人不倦。何有於我哉。

下文夫子自許爲之不厭。誨人不倦。此章何有於我之句疑傳寫有誤。

子謂顏淵曰。用之則行。舍之則藏。惟我與爾有是夫。意必固我。四者皆無。故用行舍藏。無可不可。孔子獨許顏子。非他人所能也。

子曰。飯疏食飲水。曲肱而枕之。樂亦在其中矣。不義而富且貴。於我如浮雲。

此章與顏子簞瓢陋巷之樂相同。故知孔顏心心相印也。

葉公問孔子於子路。子路不對。子曰。女奚不曰。其爲人也。發憤忘食。樂以忘憂。不知老之將至云爾。

孔子所用是直心。直心者純而不雜。非如世人雜慮交攻之心也。

子釣而不綱。弋不射宿。

時人有設綱與射宿者。孔子輒止之。釣與弋未嘗禁也。門下士因悟孔子接引學徒之方。遂記此二言。觀陳亢問伯魚一章。便可知矣。一、部論語中弋釣之機時時有之。乃至古今聖賢莫不如是。禪門所謂垂釣看箭。亦此意也。近世以傳教爲務者。則設綱射宿矣。

子曰。若聖與仁。則吾豈敢。抑爲之不厭。誨人不倦。則可謂云爾已矣。公西華曰。正唯弟子不能學也。自修化人。皆無限量。所以不居聖與仁者。剗其朕迹也。公西華窺見一斑。知非淺境。故生敬仰。

曾子有疾。召門弟子曰。啟予足。啟予手。詩云。戰戰兢兢。如臨深淵。如履薄冰。而今而後。吾知免夫。小子。

菩薩現身入道。欲護持在家律儀。毫無違犯。難之又難也。曾子冰淵自懍。至臨終時方知得免。若據此章便謂儒家修己。局於一生。死後無事。亦淺之乎測純儒矣。

子絕四。毋意。毋必。毋固。毋我。

此四病。一切學者均須除盡。但學有淺深。則除有先後。四者之中。以我爲根。我病若除。則前三盡絕矣。

子曰。吾有知乎哉。無知也。有鄙夫問於我。空空如也。我叩其兩端而竭焉。

楊子讀論語至此。合掌高聲唱曰。南無大空王如來。聞者驚曰。讀孔子書而稱佛名何也。楊子曰。子以謂孔子與佛有二致乎。設有二致。則佛不得爲三界尊。孔子不得爲萬世師矣。論語一書。能見孔子全體大用者。唯此章耳。夫無知者。般若眞空也。

情與無情莫不以此爲體。雖遇劣機。一以本分接之。蓋鄙夫所執。不出兩端。所謂有無一異俱不俱常無常等法。孔子叩其兩端而竭其妄知。則鄙夫當體空空。與孔子之無知何以異哉。

將欲顯示根本無分別智。先以有知縱之。次以無知奪之。雖下劣之機來問於我。亦以眞空接之。空空如也四字。形容得妙。世人之心不出兩端。孔子以空義叩而竭之。則鄙夫自失其妄執。而悟眞空妙諦矣。

食不厭精。膾不厭細。

厭麤而喜精人之常情也。矯枉過正者。厭精而就麤。孔子既不厭麤復不厭精。但可食則食之而已。

廄焚。子退朝。曰傷人乎。不問馬。

此章各家註解。均未達其意。一者解不問馬之言。謂孔子貴人而賤畜。不合理馬以惟之義。二者以不字連上讀。謂先問人而後問馬。似覺有理。然亦尋常之事。門人所不記也。當知廄中本自無馬。馬從朝中駕車而歸。孔子見廄已焚。只問傷人一語。絕無詰責之辭。門人見其不動聲色。異而記之。後人妄添不問馬三字。遂使意味索然也。

季路問事鬼神。子曰。未能事人。焉能事鬼。敢問死。曰。未知生。焉知死。

子路就遠處問。孔子就當處答。大似禪機。蓋子路忿世俗以欺詐事人。問其事鬼神亦容得欺詐否。故孔子答以旣不能事人。亦不能事鬼。子路又問此等人死後如何。孔子答以生不成爲生。死亦不成爲死。復次子路問事鬼神意。謂幽冥之道與人世有別也。孔子答意。能盡事人之道。卽與事鬼神無別也。又問死意。謂死後無跡可尋。一靈眞性向何處去。孔子答意。當知生時靈性何在。便知死後不異生時也。

點爾何如。鼓瑟希。鏗爾。舍瑟而作。對曰。異乎三子者之撰。子曰。何傷乎。亦各言其志也。曰。莫春者。春服既成。冠者五六人。童子六七人。浴乎沂。風乎舞雩。詠而歸。夫子喟然歎曰。吾與點也。

鼓瑟所以調心。當孔子與羣賢問答之時。曾皙鼓瑟未停。可見古人用功無片刻間斷也。問言將及。鏗爾舍瑟。何等雍容自在。不待出言。已知其涵養功深矣。三子皆言經世。曾皙獨言潔己。所以異也。下文言志當以表法釋之。暮春者。喻人生壯盛之時也。春服既成者。喻為學之方漸有成效也。冠者五六人。童子六七人。引導初機。循序而進。不拘長幼偕行也。浴乎沂者。滌除麤垢也。風乎舞雩者。消散細惑也。詠而歸。一唱三歎。以復其性之本然也。夫子喟然歎曰。吾與點也。如六祖印懷讓云。汝如是。吾亦如是。曾皙之言。正心修身。道之體也。三子之言。治國平天下。道之用也。有體方有用。聖門所重者。在修己之道耳。

顏淵問仁。子曰。克己復禮為仁。一日克己復禮。天下歸仁焉。為仁由己。而由人乎哉。顏淵曰。請問其目。子

曰非禮勿視非禮勿聽非禮勿言非禮勿動顏淵曰回雖不敏請事斯語矣

己者七識我執也禮者平等性智也仁者性淨本覺也轉七識爲平等性智則天下無不平等而歸於性淨本覺矣蓋仁之體一切衆生本自具足祇因七識染汚意起俱生分別我執於無障閡中妄見種種障閡若破我執自復平等之禮便見天下人無不同仁此所以由己而不由人也顏子既領此意便問修習之方孔子令其在視聽言動上淨除習氣稍違平等性便是非禮即須治之顏子心

領神會便請從事矣。

季康子問政於孔子。孔子對曰。政者正也。子帥以正。孰敢不正。

子帥二語。不但答季康子。即為天下後世為人上者之針砭也。

季康子患盜。問於孔子。孔子對曰。苟子之不欲。雖賞之不竊。

此言直指季康子為盜魁。

季康子問政於孔子曰。如殺無道。以就有道。何如。孔子對曰。子為政。焉用殺。子欲善。而民善矣。君子之德風。小人之德草。草上之風必偃。

子爲政一語如驚天之雷。指示季康子以絕大作用。

以上三章孔子見得季康子是個人方施此等鍵椎。可惜當機不知痛癢。然較今之從政者則遠勝矣。今時執政前無人敢發此語。儻答一次決無再問三問也。

樊遲請學稼。子曰。吾不如老農。請學爲圃。曰。吾不如老圃。樊遲出。子曰。小人哉樊須也。上好禮則民莫敢不敬。上好義則民莫敢不服。上好信則民莫敢不用情。夫如是。則四方之民。襁負其子而至矣。焉用稼。

樊遲見得世無可爲。遂欲高蹈棄世。作獨善之計。然猶不敢自決。故請學稼。孔子以旁機答之。復不甘心。又請學圃。孔子仍以旁機答之。樊遲心折而出矣。孔子以小人斥之者。斥其捨離兼善之心也。孔子行菩薩道。不許門人退入二乘。其慈悲行願有如此者。

子夏爲莒父宰。問政。子曰。無欲速。無見小利。欲速則不達。見小利則大事不成。

學佛者亦須知此意。欲速則不能通達深義。見小利、或貪味禪。或求小果。則不能成就無上菩提。

子曰。賢者辟世。其次辟地。其次辟色。其次辟言。

孔子見去位者多而歎之。然孔子則未嘗辟也。辟世之言。解之者。均是辟、地。非辟世也。必須斷三界結使。證獨覺道。方稱辟世。身雖在世。而心已離世矣。然非上智者不能。其次則有三等。程子謂四者無有優劣。非也。

子路宿於、石門。晨門曰。奚自。子路曰。自孔氏。曰。是知其不可而爲之者與。

形容孔子。至此言而盡矣、胡氏謂晨門以是譏孔子不但不知晨門。亦併不知孔子。蓋孔子不論可不可。但盡其在我而已。

子擊磬於衞。有荷蕢而過孔氏之門者。曰。有心哉。擊磬乎。既而曰。鄙哉。硜硜乎。莫己知也。斯已而已矣。深則厲。淺則揭。子曰。果哉。末之難矣。

聞擊磬而歎有心。可謂孔子之知音矣。下文以自了漢期孔子。實未知孔子之用心也。斯已而已之語。所謂要了便了。不必遲回。煩惱深流。猛厲而過。虛妄淺流。輕揭而度。何不早登彼岸耶。孔子輕小果而不爲。故笑而置之。

子曰。性相近也。習相遠也。

此性應指八識起妄之原也。起處甚微細。所以相近。及乎習於善惡。則千差萬別。愈趨而愈遠矣。

子曰。予欲無言。子貢曰。子如不言。則小子何述焉。子曰。天何言哉。四時行焉。百物生焉。天何言哉。

孔子終日言而未嘗言。終日不言而未嘗不言。忽以予欲無言四字微示其意。子貢名言習氣未忘。以為非言則無以述。孔子復云天不言而時行物生。以喻大道之妙。若會其意。則知孔子常在世間。入一切眾生心中。隨機化導。何有生死去來之相。

耶。章末復加天何言哉一語。其悠揚詠歎之致。令

子貢心領而神會也。

孟子發隱

清石埭楊文會仁山註

孟子全書宗旨曰仁義。曰性善。立意甚佳。但見道未徹。其所言性。專認後天。而未達先天。以赤子之心爲至善。殊不知赤子正在無明窟宅之中。其長大時。一切妄念。皆從種子識內發出。所說仁義。亦以情量限之。謂與利爲反對之事。以致遊說諸王。皆不能入。若說仁義爲利國之大端。而說利國當以仁義爲首務。則諸王中或有信而樂從者矣。

孟子見梁惠王。王曰。叟。不遠千里而來。亦將有以利吾國乎。孟子對曰。王何必曰利。亦有仁義而已矣。王曰何以利吾國。大夫曰何以利吾家。士庶人曰何以利吾身。上下交征利。而國危矣。萬乘之國弒其君者。必千乘之家。千乘之國弒其君者。必百乘之家。萬取千焉。千取百焉。不爲不多矣。苟爲後義而先利。不奪不饜。未有仁而遺其親者也。未有義而後其君者也。王亦曰仁義而已矣。何必曰利。

利者。害之反也。王曰何以利吾國。是公利。非私利也。孟子曰。上下交征利。則專指聚歛矣。與梁王問意不合。故非眞能破。告子下篇。宋牼欲罷兵。將言其不利。孟子以去仁義懷利斥之。可見孟子以利與仁義決非並行。亦不合孔子之道。觀子適衞一章先言富而後言教。又足食足兵民信之矣亦以富强與信交相爲用。至必不得已之時方去兵去食而留信。未有專言信而概廢兵與食也。

燕人畔。王曰。吾甚慚於孟子。陳賈曰。王無患焉。王自以爲與周公孰仁且智。王曰。惡是何言也。曰。周公使管叔監殷。管叔以殷畔。知而使之是不仁也。不知而使之是不智也。仁智周公未之盡也。而況於王乎。賈請見而解之。見孟子問曰。周公何人也。曰。古聖人也。

曰。使管叔監殷。管叔以殷畔也。有諸。曰。然。曰。周公知其將畔而使之與。曰。不知也。然則聖人且有過與。曰。周公弟也。管叔兄也。周公之過。不亦宜乎。

以弟兄二字。爲周公文過。實不足以折人心。蓋周公以剛健正直之心。行大公無我之事。豈有私情縈懷。而行賞罰於其間乎。

孟子曰。道在爾而求諸遠。事在易而求諸難。人人親其親。長其長。而天下平。

上下千古。縱橫萬里。欲得人人親其親。長其長。豈可得哉。然則天下無太平之日乎。曰。非也。致亂之根在於妄想。破妄顯眞。天下太平矣。

子產聽鄭國之政。以其乘輿。濟人於溱洧。孟子曰。惠而不知爲政。歲十一月徒杠成。十二月輿梁成。民未病涉也。君子平其政。行辟人可也。焉得人人而濟之。故爲政者。每人而悅之。日亦不足矣。

子產見人徒涉。卽以乘輿濟之。乃偶爾之事耳。孟子好責人。於此可見。

孟子曰。大人者。不失其赤子之心者也。

從無明妄想受生而成赤子。孟子不知。直以此爲純全之德。故所談性善。蓋不能透徹本原也。

徐子曰。仲尼亟稱於水曰。水哉水哉。何取於水也。孟子曰。原泉混混。不舍晝夜。盈科而後進。放乎四海。有本者如是。是之取爾。苟爲無本。七八月之閒雨集。溝澮皆盈。其涸也。可立而待也。故聲聞過情。君子恥之。

仲尼之歎水。勿論其有本無本也。觀其重歎乃歎其性德耳。水性常淸。雖泥混之使濁。而淸性不改。水性常靜。雖風鼓之使動。而靜性不改。恰似人之本性。是以仲尼亟稱之也。

孟子曰。君子所以異於人者。以其存心也。君子以仁存心。以禮存心。仁者愛人。有禮者敬人。愛人者人恆愛之。敬人者人恆敬之。有人於此。其待我以橫逆。則君子必自反也。我必不仁也。必無禮也。此物奚宜至哉。其自反而仁矣。自反而有禮矣。其橫逆由是也。君子必自反也。我必不忠。自反而忠矣。其橫逆由是也。君子曰。此亦妄人也已矣。如此則與禽獸奚擇哉。於禽獸又何難焉。

菩薩見此等人。益加憐愍。孟子乃以輕慢之心視之。去聖道遠矣。

萬章曰。父母使舜完廩。捐階。瞽瞍焚廩。使浚井。出從而揜之。象曰。謨蓋都君。咸我績。牛羊父母。倉廩父母。

干戈朕。琴朕。弤朕。二嫂使治朕棲。象往入舜宮。舜在牀琴。象曰。鬱陶思君爾。忸怩。舜曰。惟茲臣庶。汝其于予治。不識舜不知象之將殺己與。曰。奚而不知也。象憂亦憂。象喜亦喜。曰。然則舜僞喜者與。曰。否。昔者有饋生魚於鄭子產。子產使校人畜之池。校人烹之。反命曰。始舍之圉圉焉。少則洋洋焉。攸然而逝。子產曰。得其所哉。得其所哉。校人出。曰。孰謂子產智。予既烹而食之。曰。得其所哉。得其所哉。故君子可欺以其方。難罔以非其道。彼以愛兄之道來。故誠信而喜之。奚僞焉。

大聖應現非凡所測。完廩浚井皆以神通得出。瞽瞍與象均是大權菩薩。成全舜之盛德。孟子所解。全無交涉。

萬章問曰。象日以殺舜爲事。立爲天子。則放之何也。孟子曰。封之也。或曰放焉。萬章曰。舜流共工于幽州。放驩兜于崇山。殺三苗于三危。殛鯀于羽山。四罪而天下咸服。誅不仁也。象至不仁。封之有庳。有庳之人奚罪焉。仁人固如是乎。在他人則誅之。在弟則封之。曰。仁人之於弟也。不藏怒焉。不宿怨焉。親愛之而已矣。親之欲其貴也。愛之欲其富也。封之有庳。富貴之也。身爲天子。弟爲匹夫。可謂親愛之乎。

以世俗之情。而觀古聖。想帝舜在天之靈。當發一笑也。

敢問或曰。放者何謂也。曰。象不得有爲於其國。天子使吏治其國。而納其貢稅焉。故謂之放。豈得暴彼民哉。雖然。欲常常而見之。故源源而來。不及貢。以政接于有庳。此之謂也。

象若怙惡不悛。天子尙不畏。何有於吏。

萬章曰。堯以天下與舜。有諸。孟子曰。否。天子不能以天下與人。然則舜有天下也。孰與之。曰。天與之。天與之者諄諄然命之乎。曰。否。天不言。以行與事示之而已矣。曰。以行與事示之者如之何。曰。天子能薦人於天。不能使天與之天下。諸侯能薦人於天子。不能使天子與之諸侯。大夫能薦人於諸侯。不能使諸侯與之大夫。故曰天不言。以行與事示之而已矣。

上天之載。無聲無臭。此善於言天者也。孟子言天。跡涉有爲。是高於天下一等耳。西教盛行。當以孟子爲證據也。

萬章問曰。人有言。至於禹而德衰。不傳於賢而傳於子。有諸。孟子曰。否。不然也。天與賢則與賢。天與子則與子。昔者舜薦禹於天。十有七年。舜崩。三年之喪畢。禹避舜之子於陽城。天子之民從之。若堯崩之後。不從堯之子而從舜也。禹薦益於天。七年禹崩。三年之喪畢。益避禹之子於箕山之陰。朝覲訟獄者。不之益而之啟。曰。吾君之子也。謳歌者。不謳歌益而謳歌啟。曰。吾君之子也。

與賢與子。皆天主之。後世與暴與虐。亦天主之。天既能主。何不盡棄暴虐而與聖賢。則永遠太平。不見亂世矣。

丹朱之不肖。舜之子亦不肖。舜之相堯禹之相舜也。

歷年多施澤於民久啟賢能敬承繼禹之道益之相
禹也歷年少施澤於民未久舜禹益相去久遠其子
之賢不肖皆天也非人之所能爲也莫之爲而爲者
天也莫之致而至者命也
以子之賢不肖均歸於天不解天何薄於此而厚
於彼耶
告子曰性猶杞柳也義猶桮棬也以人性爲仁義猶
以杞柳爲桮棬孟子曰子能順杞柳之性而以爲桮
棬乎將戕賊杞柳而後以爲桮棬也如將戕賊杞柳
而以爲桮棬則亦將戕賊人以爲仁義與率天下之

人而禍仁義者。必子之言夫。

告子不知自性本空。故以杞柳爲喻。孟子以戕賊破之。僅破其妄計。而未顯其本原也。

告子曰。性猶湍水也。決諸東方則東流。決諸西方則西流。人性之無分於善不善也。猶水之無分於東西也。孟子曰。水信無分於東西。無分於上下乎。人性之善也。猶水之就下也。人無有不善。水無有不下。今夫水。搏而躍之。可使過顙。激而行之。可使在山。是豈水之性哉。其勢則然也。人之可使爲不善。其性亦猶是也。

告子又認隨物流轉者爲性。是知有妄緣而不知有眞常也。孟子立性善爲宗。就先天說則可。而孟子專指後天說。故非眞能立。亦非眞能破。且以搏躍激行喻人之爲不善。試問普天下蒼生。不搏不激。其能人人嚮善乎。

告子曰。生之謂性。孟子曰。生之謂性也。猶白之謂白與。曰。然。白羽之白也。猶白雪之白。白雪之白。猶白玉之白與。曰。然。然則犬之性。猶牛之性。牛之性。猶人之性與。

性本無生。而以生謂性。孟子卽就生字上判犬牛

與人性有差別。是以隨業受生之識爲性。豈知六
道智愚。雖判若天淵。而本原之性未嘗異也。
告子曰。食色性也。仁內也。非外也。義外也。非內也。孟
子曰。何以謂仁內義外也。曰。彼長而我長之。非有長
於我也。猶彼白而我白之。從其白於外也。故謂之外
也。曰。白馬之白也。無以異於白人之白也。不識長馬
之長也。無以異於長人之長與。且謂長者義乎。長之
者義乎。曰。吾弟則愛之。秦人之弟則不愛也。是以我
爲悅者也。故謂之內。長楚人之長。亦長吾之長。是以
長爲悅者也。故謂之外也。曰。耆秦人之炙。無以異於

耆吾炙。夫物則亦有然者也。然則耆炙亦有外與。食色牽引妄識認作自性。故有仁內義外之執。孟子所辯根於內心。是爲得之。

告子初以杞柳喩性。是不知性空也。次以湍水喩性。是不知性本無動也。三以生謂性。是不知性本無生也。四以食色爲性。是不知逐物者爲妄情非本性也。孟子答。初章以戕賊對破。恰合正理。其第二章。告子只認隨物流轉者爲性。是知有妄緣而不知有眞常也。孟子亦祇知後天性。不知先天性。故此章答詞。皆不合眞理。夫以搏躍激行喩人之爲不善。試使聚天下蒼生。不搏不激。其能嚮善者。有幾人乎。第三章。孟子舉犬牛與人以顯差別。是以隨業現行之識爲性。而不知六道受生。雖判若天淵。而本原之性未嘗異也。第四章。告子以仁義分內外。是大錯誤。孟子皆以非外辯之。似頗爲有理。

公都子問曰。鈞是人也。或爲大人。或爲小人。何也。孟子曰。從其大體爲大人。從其小體爲小人。曰。鈞是人也。或從其大體。或從其小體。何也。曰。耳目之官不思。而蔽於物。物交物。則引之而已矣。心之官則思。思則得之不思則不得也。此天之所與我者。先立乎其大者。則其小者不能奪也。此爲大人而已矣。

莊子云。夫徇耳目內通而外於心思。鬼神將來舍。而況於人乎等語。正與此章相反。凡人因耳目而蔽於物。心蔽之也。見色聞聲。剎那已過。心緣色聲謝落影子。方造惡業。孟子不知強分大小。直以能思之心爲大人之體。未明心體無思之妙也。

孟子曰。有天爵者。有人爵者。仁義忠信樂善不倦。此天爵也。公卿大夫。此人爵也。古之人修其天爵而人爵從之。今之人修其天爵。以要人爵。既得人爵而棄其天爵。則惑之甚者也。終亦必亡而已矣。

須知有要人爵之心。則修時已非眞天爵。否則豈肯棄之耶。

孟子曰。五穀者種之美者也。苟爲不熟。不如荑稗。夫仁亦在乎熟之而已矣。

此喻不洽。蓋爲仁無論熟不熟。總勝他道。不知孟子心中以何爲仁耶。

孟子曰。人之所不學而能者。其良能也。所不慮而知者。其良知也。孩提之童。無不知愛其親也。及其長也。無不知敬其兄也。親親。仁也。敬長。義也。無他。達之天下也。良知良能之語。陸王之徒。翕然從風。然孟子此言。實未見自性之用。觀下文童愛親長敬兄二語。申明此理。可見孟子專論後天性。未嘗知有先天性也。

謹案論語孟子二書 先生欲加闡發各章均於原書加以標識未遑屬稿間有批於原書上幅者實其少分茲爲最錄如上蓋皆未竟之稿也編者識

國家圖書館出版品預行編目資料

四書蕅益解補註 / （明）蕅益大師著；江謙居士補註. -- 初版. -- 新北市：華夏出版有限公司, 2024.07
面； 公分. --（傳世經典；012）
ISBN 978-626-7393-42-0（平裝）
1.CST：四書 2.CST：注釋

121.212 113002401

傳世經典 012
四書蕅益解補註

著　　作　（明）蕅益大師
補　　註　江謙居士
出　　版　華夏出版有限公司
220 新北市板橋區縣民大道 3 段 93 巷 30 弄 25 號 1 樓
電話：02-32343788　傳真：02-22234544
E-mail：pftwsdom@ms7.hinet.net
印　　刷　百通科技股份有限公司
電話：02-86926066 傳真：02-86926016
總 經 銷　貿騰發賣股份有限公司
新北市 235 中和區立德街 136 號 6 樓
電話：02-82275988　傳真：02-82275989
網址：www.namode.com
版　　次　2024 年 7 月初版一刷
特　　價　新台幣 450 元（缺頁或破損的書，請寄回更換）

ISBN-13：978-626-7393-42-0